JDブックレット1
日本障害者協議会 編

私たち抜きに
私たちのことを
決めないで
Nothing About Us Without Us
障害者権利条約の軌跡と本質

藤井 克徳 著

やどかり出版

JDブックレット発刊にあたって

　2014年1月，日本は141番目（EUを含む）の障害者権利条約締約国になりました．

　「Nothing About Us Without Us！（私たち抜きに私たちのことを決めないで）」．障害者権利条約についての議論が白熱する中で，この言葉が国際連合（以下，国連）の議場で響き渡っていたといいます．そして，批准国となった日本でも，多くの人たちがさまざまな機会にこのフレーズを繰り返しています．

　日本障害者協議会（JD）は，日本が障害者権利条約を批准した記念すべき時に，「JDブックレット」を刊行することにいたしました．

　国連・国際障害者年（1981年）を日本で成功させようと，それまで個別の活動をしていた多くの障害関連団体が大同団結して結成されたJDにとって，この障害者権利条約の批准は，新たなスタートの時でもあります．

　JDは障害のある人たちの「完全参加と平等」「ノーマライゼーション」の実現をめざしてきました．そして，JDの広報誌のタイトルにもある「すべての人の社会」は，障害者権利条約の中に繰り返し出てくる「他の者との平等」が実現された社会を表しています．

　JDブックレットでは「すべての人の社会」の実現に向けて，障害のある人の実態や社会の中で解決すべき課題を幅広くとりあげていきたいと考えています．障害者権利条約が指し示す方向性と日本の障害のある人が置かれている現状には，まだまだ大きな乖離がある

ことも事実です．障害者権利条約批准国の名に恥じぬ日本の障害者施策の水準を押し上げていく運動を推進してきたJDの役割は，これまで以上に重要になっていくと考えています．

　本ブックレットが日本の障害者施策を障害者権利条約の水準に押し上げていくための運動の一助となれれば望外の幸せです．

　障害者権利条約元年に生まれたJDブックレットを，皆様のお力で育てていただければと願っております．

2014年5月

NPO法人日本障害者協議会

はじめに

　「障害者権利条約って何？」「日本が締約国になったというけれど，私たちの暮らしはよくなるの？」……．障害者・家族，関係者の多くは，国会で条約が批准されたことは知っていても，条約のもつ"本当の力"を知らされていないのではないでしょうか．

　私たち日本障害者協議会（JD）は，「この"本当の力"を知っていただく機会に」との思いを込めて，2013年度に『国連・障害者権利条約の批准！　ゴールでなく，新たなスタートに！　──あらためて障害者の権利とその保障を考える』をテーマとした連続講座（全3回）を企画しました．これは，① 権利について基本的な問題を明らかにし（講師：藤岡毅氏／弁護士），② もっとも権利侵害の深刻な実態にある精神障害問題を学びながら（講師：香山リカ氏／精神科医・立教大学教授），③ 権利条約の批准をどう生かすか，私たちに問われていることは何か（講師：藤井克徳氏／JDF幹事会議長・JD常務理事）を整理するための取り組みでした．

　条約批准から間を置かず，2014年1月～3月に実施というタイムリーさもあって，定員を上回る方々に受講していただきました．それぞれの分野の先頭に立って活躍されている講師の方々の講義には，勇気と確信を与えていただくことができました．企画準備を進めてきた者にとって，これ以上の喜びはありません．

　さらにうれしいのは，同時にJDブックレット発刊の準備が進められ，その第1巻（創刊号）として，今回の連続講座から藤井克徳氏

の講義をお届けできることです。

　藤井氏は，国連における条約策定の作業段階から日本での批准に至るほとんどの場面に関わり，日本障害フォーラム（JDF）の仲間と共に，その先頭に立って奮闘してきました。それだけに，条約のもつ"本当の力"を学び，知らせることの大切さや，その力を生かした運動の必要性を，強く胸に刻み込んでいると考えます。今回の講座では，限られた時間の中で，説得力をもって，わかりやすく，その刻み込んだ言葉を語ってもらいました。

　「権利条約に恥をかかせないで」の詩の朗読に始まり，随所で短歌や写真のスライド上映，そして音響までを使った多彩（多才）な講義内容を，本ブックレットで活字を通して感じ取っていただき，条約のもつ"本当の力"を1人ひとりの血肉にしていただければと期待します。

　最後に，本文でも紹介されていますが，今後の運動を進めるにあたっての，藤井氏の思いを込めた句を挙げておきます。

　　条約の　値打ち上げるも　上げざるも
　　鍵を握るは　運動の力（りき）

　1人でも多くの障害者・家族，関係者の方々が，半歩・一歩からでも運動への参加を決意していただくことを願って。また，1人でも多くの市民・国民の皆さんが，「権利」について考え，行動していただく機会になることを願って。

2014年5月

　　　　　　　　　　　　日本障害者協議会　企画委員長
　　　　　　　　　　　　　　　　　　　　白沢　仁

目　次

JDブックレット発刊にあたって　3
はじめに　5

私たち抜きに私たちのことを決めないで
障害者権利条約の軌跡と本質

はじめに …………………………………………………………………… 11
1．なぜ権利条約を学ぶのか ………………………………………… 13
2．さまざまな人権条約の上に障害者権利条約 ………………… 14
　　1）国連が採択した人権条約の全体像と権利条約　14
　　2）国内外の人権・障害者政策との関係性　15
3．権利条約が制定されるまでのあしあと …………………… 17
　　1）権利条約前史　17
　　2）権利条約の誕生まで　18
　　3）権利条約制定の立役者　20
4．権利条約の全体像と特徴 ………………………………………… 21
　　1）権利条約の全体像　21
　　2）権利条約の特徴　22
　　　　①　成立過程に関して　22／②　内容面に関して　24
5．「他の者との平等を基礎として」を実質化するための3
　　つの仕掛け …………………………………………………………… 26
　　1）合理的配慮（reasonable accommodation）　26

2）「積極的な区別政策」（affirmative action）　27
 3）アクセシビリティ（accessibility）　27

6. 日本における権利条約批准の経緯 …………………… 27
 1）日本政府の対応　27
　① 日本政府の不可思議な言動　27／② 形だけの批准にストップ　28／③ 日本語訳をめぐる問題　29
 2）批准要件を埋めるための取り組み　30
 3）批准までの経緯　31
 4）障害者権利条約推進議員連盟ならびに助成団体の支援　32

7. 権利条約の日本での効力と法的な位置 …………… 33
 1）権利条約に備わる力　33
 2）権利条約の法的な位置　34

8. 権利条約発効に伴う条約上の義務と権利 ………… 35

9. 批准を受けての当面の政策課題：未来を拓く10の課題　36
 1）家族依存からの脱却　36
 2）「谷間の障害」問題の解消　37
 3）本格的な所得保障制度の確立　37
 4）障害者差別解消法の実質化　38
 5）社会的入院・社会的入所問題の解消　39
 6）地域生活を支える社会資源の質と量の拡充　39
 7）ディーセントワークの視点での就労支援策の拡充　40
 8）アクセシビリティ，ユニバーサルデザイン政策の推進　40
 9）基礎データの集約・蓄積　41
 10）障害者政策関連の予算確保　41

10. 権利条約を日本列島の隅々に：1人ひとりに問われること ……………………………………………………… 42
 1）権利条約は楽譜と一緒　42

2）運動によって価値が増幅　43
　　3）「ゼロ地点戦略」と「横並び戦略」　44

むすびにかえて ……………………………………………… 45

用語解説 ……………………………………………………… 47
資料1　障害者の権利に関する条約 ……………………… 63
資料2　障害者権利条約批准までのあしあと …………… 105

あとがき　113

　　　　　　　　　　　　　　　　　表紙デザイン　宗野政美

私たち抜きに
私たちのことを決めないで
障害者権利条約の軌跡と本質

はじめに

　今を生きる私たち障害のある者にとって，そして障害分野に携わる者にとって，過去と近未来を見渡してみて，障害者権利条約（以下，権利条約）の誕生と日本国としての批准ほど大きな出来事はないのではないでしょうか．この後，権利条約に関する詳細を述べていきますが，それに先立って，批准をみることなく逝かれた先輩諸氏に心からお礼の気持ちを捧げたいと思います．お礼の気持ちに加えて，権利条約を大切にしながら，権利条約を最大限に活かしながら，新たな時代づくりに向けていっそう頑張っていくことの決意を表したいと思います．本当にありがとうございました．

　　批准みず　逝きし先達　彼の地から
　　いい線いってる　でもこれからだ

☞を付した語は，巻末に用語解説があります．

瞼(まぶた)に浮かぶ人を亡くなられた順にあげると，JD（Japan Council on Disability；日本障害者協議会）（☞1）の2代目代表調一興(しらべかずおき)さん（☞2），JD副代表だった丸山一郎さん（☞3），JD顧問だった板山賢治さん（☞4），かつて，国際障害者年日本推進協議会時代に組織委員を務められた三澤了(さとる)さん（☞5），そして前代表の勝又和夫さん（☞6），ということになります．批准をみずに逝かれた仲間たちは他にもたくさんいらっしゃいますが，そのような方々を含めて批准が成ったことをここに報告したいと思います．

　さて，東日本大震災から早や3年余が経ちました．私たちの合言葉は「忘れない」です．この大震災において，障害のある仲間たちの死亡率は全住民の死亡率の実に2倍に達したことが確定的になりました．岩手，宮城，福島などによってその数値には差異がありますが，平均でみると2倍となります．未曾有の大震災にあり，現代の科学や技術をもってしても，ある程度の被害は避けられなかったのかもしれません．しかし，2倍という数値は納得がいきません．大地震も，これに続く大津波も，天災と言ってもいいと思います．この2倍という数値には，天災だけではなく，そこには障害者に対する防災政策の遅れを中心とする人為的な問題，すなわち，人災という要因がもう1枚重なったとみるべきではないでしょうか．天災は避けられなくても，人災は避けられたはず．

　今回の大震災のような極限状況は，その社会の実相を丸裸にすると言われています．もしかしたら，日本列島のそこかしこに「2倍の不利益」が潜んでいるのかもしれません．自然災害だけではなく，たとえば経済不況や大事故，大事件などに際しても，しわ寄せは障害者に集中的かつ集積的に及ぶように思います．平時から，「2倍の不利益」をできる限り探し出し，徹底して解消していくことが肝要です．そして，批准された権利条約が，「2倍の不利益」の解消に貢献するものでなければなりません．そうでなければ，崇高な権利条

約も絵に描いた餅になってしまいます.

今, 被災地では,「鎮魂から復興へ」, あるいは「絶望から希望へ」というフレーズが言われ始めています. これらのフレーズに加えて, 私はあえて言いたいのです.「2倍から1倍へ」と.

1. なぜ権利条約を学ぶのか

「障害のある人たちと直に接することが仕事の本分なのに, やれ権利条約だ, 政策だというのは違うんじゃないか」と思っている人はいませんか? まず, 権利条約をなぜ学ぶのか, なぜ法律や制度が大事なのかということを, 日々の実践との関係で考えてみましょう.

世界初の豪華客船タイタニック号をご存じでしょうか. 1912 (明治45) 年にイギリスを出港してアメリカに向かう途中, 氷山にぶつかり沈没, 1,500人以上の方が亡くなったと言われています. この巨船をちょっと想い浮かべてみましょう. タイタニック号は全長300m以上あり, 内部は多くの船室に分かれています.

私たちの実践を, タイタニック号の船室にたとえてみます. 自分たちにあてがわれた船室を好きな色のカーテンやカーペットで飾り, テーブルの上にはおいしいワインと湯気のたった料理を置いて,「ここはどこにも負けない最高の部屋」などと思っていたとします. しかし, その10数分後に沈没することを, 誰が予想できたでしょう.

自分たちの船室をいくらすばらしくしても, すなわち, どんなに現場でよい実践をしても, タイタニック号の進む方向が誤っていたら, 元も子もないということです. 船の針路は政策であり, 法律です. 氷山にぶつかりそうになれば座して待つのではなく, 船長から舵を奪い取るくらいの行動が必要になるかもしれません. 逆に, いくら船の針路が正しくても, 船室がコンクリートむき出しで, 寒風

が吹き込んだり，海水が入ってくるようでは，乗客は凍え死んでしまいます．

　船が正しく走行するよう針路をしっかり方向づけすること．そして，それぞれの船室もしっかり守っていくこと．私たちは，この双方のバランスをとっていかなければならないのです．権利条約は，実践の面からもすぐれた指南となりますが，わけても全体を方向づける上で最高の羅針盤になるのではないでしょうか．

2．さまざまな人権条約の上に障害者権利条約

　ここで，権利条約の成り立ちについてごく簡単に触れておきます．

1）国連が採択した人権条約の全体像と権利条約

　まず，権利条約はこれまでに国際連合（以下，国連）が採択したさまざまな人権条約が深めてきた成果の上に成り立っている，ということを押さえておきましょう．

　1966（昭和41）年に国連で採択された「経済的，社会的及び文化的権利に関する国際規約」，いわゆる社会権規約（A規約）ならびに同時に採択された「市民的及び政治的権利に関する国際規約」，いわゆる自由権規約（B規約）は，「国際人権規約」と呼ばれています．人権に関する国際規範の中でも最も基本とされているものです．権利条約の審議過程で共有された「Nothing About Us Without Us（私たち抜きに私たちのことを決めないで）」というフレーズは，実はこのA規約・B規約の第1条に記されている「すべて人民は自決の権利を有する」にルーツを置くのです．

　2つの人権規約（条約）を端緒に，今般の権利条約の採択に至るまで30以上の人権条約が誕生するわけですが，障害者権利条約の前文においては，特に重要な人権条約として7つをあげています．

A規約，B規約の他に，人種差別撤廃条約，女性差別撤廃条約，拷問禁止条約，子どもの権利条約，そして移住労働者権利条約．この7つが「主要人権条約」と言われています．障害者権利条約は前文25項目と本則50条から成り，ボリュームの点からしてもこれらの先輩条約にひけをとりません．

　もう1つ確認しておきたいことは，障害者権利条約が21世紀に入って初めての人権条約であるということです．その他はすべて，第2次世界大戦終了後から20世紀中に成立しています．

2）国内外の人権・障害者政策との関係性

　図1をご覧ください．既存の人権条約や国内外の障害者政策の関係を「障害のある人の人権の十字路」というイメージで整理してみました．

　縦軸にあるのは，1948（昭和23）年の「世界人権宣言（☞19）」に始まる，まさに人権に関する国際規範と言える規約や条約です．さきほど紹介した7つの「主要人権条約」も並んでいます．国内であげられるのは日本国憲法くらいでしょうか．日本という国は，やはり人権意識が薄いのです．

　横軸の右は障害分野の世界の動向で，ADA（障害のあるアメリカ人のための法律）（☞7），ICIDH（国際障害分類）（☞8），ICF（国際生活機能分類）（☞9），ILO（国際労働機関）基準（☞10）などの蓄積があります．横軸の左は国内の動向で，障害者基本法をはじめ，障害者の雇用・福祉に関するさまざまな実定法をあげることができます．横軸に並ぶのは法律ばかりではありません．IDA（国際障害同盟）（☞11）や日本障害フォーラム（以下，JDF）（☞12）などの貢献も多大かと思います．

　この縦軸と横軸が交わる地点，すなわち「障害のある人の人権の十字路」に，今般，日本で批准された権利条約が位置づいているの

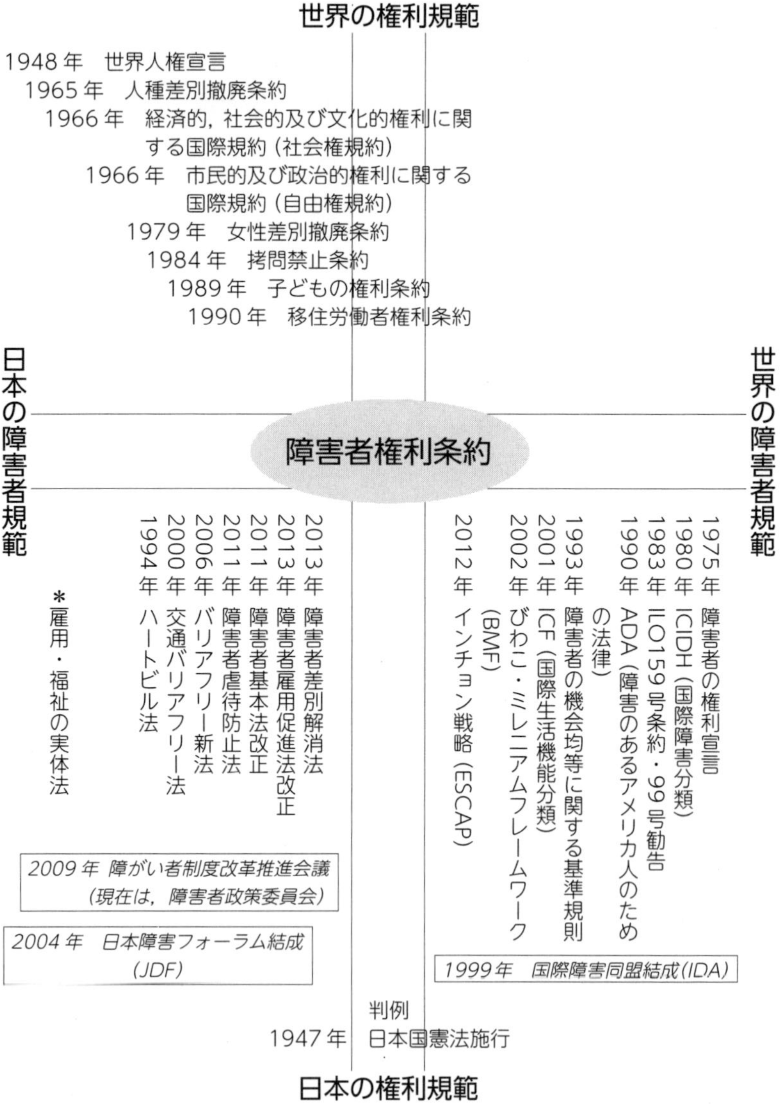

世界の権利規範

1948年　世界人権宣言
1965年　人種差別撤廃条約
1966年　経済的,社会的及び文化的権利に関する国際規約(社会権規約)
1966年　市民的及び政治的権利に関する国際規約(自由権規約)
1979年　女性差別撤廃条約
1984年　拷問禁止条約
1989年　子どもの権利条約
1990年　移住労働者権利条約

日本の障害者規範 ｜ **障害者権利条約** ｜ **世界の障害者規範**

日本の障害者規範:
- 2013年　障害者差別解消法
- 2013年　障害者雇用促進法改正
- 2011年　障害者基本法改正
- 2011年　障害者虐待防止法
- 2006年　バリアフリー新法
- 2000年　交通バリアフリー法
- 1994年　ハートビル法

＊雇用・福祉の実体法

世界の障害者規範:
- 1975年　障害者の権利宣言
- 1980年　ICIDH(国際障害分類)
- 1983年　ILO159号条約・99号勧告
- 1990年　ADA(障害のあるアメリカ人のための法律)
- 1993年　障害者の機会均等に関する基準規則
- 2001年　ICF(国際生活機能分類)
- 2002年　びわこ・ミレニアムフレームワーク(BMF)
- 2012年　インチョン戦略(ESCAP)

2009年　障がい者制度改革推進会議
(現在は,障害者政策委員会)

2004年　日本障害フォーラム結成(JDF)

1999年　国際障害同盟結成(IDA)

判例
1947年　日本国憲法施行

日本の権利規範

図1　障害のある人の人権の十字路

です．ここからも，権利条約が単独で生まれたのではないということ，そして今般の日本での批准も国の内外の関連する動向の中で実現したのだということを理解してほしいと思います．

3．権利条約が制定されるまでのあしあと

次に，権利条約制定までの経緯を振り返ってみましょう．**資料2**には，条約の制定から批准に至る国連と日本の主な動きをまとめています．

1）権利条約前史

権利条約の沿革を障害分野に特化してみていくと，1971（昭和46）年「知的障害者の権利宣言（☞**20**）」（当時は「精神薄弱者」という言葉が使われていた）の採択まで遡ることができるでしょう．1975（昭和50）年には障害の種別を超えた「障害者の権利宣言（☞**21**）」．念のために言うと，宣言と条約はまったく違うものです．宣言はスローガンに過ぎませんが，条約というのは，いったんその国が承認（批准）すると法的な効力をもつことになります．

「障害者の権利宣言」を受けて，あのリビアのカダフィー大佐が1976（昭和51）年に，「5年後の1981（昭和56）年を『国際障害者年』にしよう」と提唱します．このムーブメントは1年間では終わらず，1983（昭和58）年～1992（平成4）年までが「国連・障害者の十年（☞**22**）」と位置づけられます．1993（平成5）年から「アジア太平洋障害者の十年（☞**23**）」がスタートし，現在まで3期にわたって延長されています．この他にも，WHO（世界保健機関）やILOなどによる障害関係の条約，勧告，宣言，声明，報告書などが数多く出されています．「知的障害者の権利宣言」からの歴史は連綿と繋がっているのです．

これらを背景に1993（平成5）年には「障害者の機会均等化に関する基準規則（☞24）」が国連総会で採択されました．差別撤廃の視点を含む総論に加えて，分野別にも言及し，権利条約の礎(いしずえ)のひとつとなったものです．この「基準規則」の採択と相前後して「障害者に関する人権条約」の必要性が提唱されましたが，いずれも時期尚早(しょうそう)と退けられてしまいます．

2）権利条約の誕生まで

　2001（平成13）年11月10日の国連総会で，ついに歴史的な幕が開きました．メキシコのビセンテ・フォックス大統領が自らの持ち時間を使って，障害者権利条約の制定を提唱したのです．2001年は何があった年でしょう？　そう，ニューヨークの貿易センタービルが爆破された「9.11」の年ですね．世界中が命や人権，絆といった問題に深く向き合っていた時期です．事件後2か月足らずでフォックス大統領の提唱が受け入れられた背景には，こうした国際規模の雰囲気が無縁ではなかったように思います．続けて特別委員会の設置が決議されましたが，残念ながら日本は消極的な姿勢で，共同提案の機会を逸しています．

　その後，1回あたり2～3週間に及ぶ特別委員会が8回開催され，作業部会を加えて延べ100日近い審議日を経て，あの2006（平成18）年8月25日，すなわち第8回特別委員会の最終日（第8回特別委員会は総会の直前にも開催されるが，事実上はこの日が最終）を迎えます．

　私もその場に居合わせました．時計の針はすでに20時を指そうとしている．公用語の通訳は帰ってしまい，もっぱら英語で議論が続けられている．傍聴席を埋めた250人と本フロアの政府代表250人，あわせて500人近くが見守る中，ドン・マッケイ議長が「そろそろ機は熟しているように思う．討論を終えて特別委員会として採

私たち抜きに私たちのことを決めないで　19

写真1　2006年8月25日，国連の第8回特別委員会で障害者権利条約の案が合意に達したところ．笑顔で拍手したり足を踏みならしたりしている人たち．
（福祉新聞社提供）

択したい」と発言．その瞬間，拍手と歓声，口笛と足踏みとが国連議場を覆いました．私は高揚する気分の中で，まるで議場が揺れ動いているように感じていました．

　これが，仮採択が成った瞬間です（**写真1**）．私にとっての「永遠の一瞬」でした．

　　障害を　テーマに紡ぎ　編みあげた
　　権利の衣　世界をくるむ

　こうして仮採択が成った後，条約文としての体裁を整えるなどの手順を踏んで，2006（平成18）年12月13日に開催された国連総会

(第61回)において正式な採択をみました．そして，批准国が20か国に達したのを受けて，2008(平成20)年5月3日に発効となりました．奇しくも日本では憲法記念日ですね．

なお，第2回特別委員会以降，日本政府団の顧問として民間より障害当事者で弁護士である東俊裕氏が加わり，貴重な役割を果たしました．

3) 権利条約制定の立役者

条約制定の立役者は大勢いらっしゃいますが，ここでは3人に絞って紹介しましょう．1人は権利条約を発議したビセンテ・フォックスさんです(**写真2**)．メキシコの第55代大統領で，権利条約を自らの選挙公約として掲げ，障害者の多くが応援にまわったとのことです．

2人目は特別委員会の初代議長であったルイス・ガレゴスさん(**写真3**[注1])．エクアドルの国連大使を長く続けた方です．国連の議場で何度か話をしましたが，温厚な人柄で，にこにこしながら「そのうちに，日本に行ってみたい」と言っていたのが印象的です．

最後に，議論が難航する中で2代目議長に就任したドン・マッケイさん(**写真4**[注2])．ニュージーランド大使で，世界軍縮会議を取りしきった人物でもあります．特別委員会でのさばきは見事であり，採択にこぎ着ける上での最大の立役者と言っていいと思います．幾度か会いましたが，いわゆるジェントルマンであり，秘めたリーダーシップを感じさせます．ドン・マッケイさんは，JDFの招請で2009(平成21)年に来日しています．この時の講演録がJDFより発刊されています[注2]．権利条約を深める上で参考となる書であり，読を勧めます．

注1) 出典　「ノーマライゼーション」2005年5月号．(日本障害者リハビリテーション協会発行)

注2) 出典　ドン・マッケイ講演録：障害者権利条約はこうして生まれた，JDF，2009

写真2　ビセンテ・フォックス

写真3　ルイス・ガレゴス

写真4　ドン・マッケイ

　いずれも，障害分野に取り組んでいる私たちにとってはかけがえのない，そして記憶すべき人物かと思います．

4．権利条約の全体像と特徴

1）権利条約の全体像
　障害者権利条約は，「障害者の権利に関する条約」と「障害者権利

条約選択議定書」の2種類から成っています.「選択議定書」とは,ある個人が権利侵害を受け,自国の司法機関で決着がつかない場合に,直接国連に通報できる個人通報システムなど,大変レベルの高い内容になっています.女性差別撤廃条約,子どもの権利条約などにも同じく選択議定書がありますが,日本はこれについては批准していません.

今回日本が批准したのは選択議定書を除く「障害者の権利に関する条約」(「障害者権利条約」と呼称)で,前文25項目と本則50条から成ります.この本の巻末に前文と本則の全文を掲載してありますので,参照しながらお読みください(**資料1**).

2）権利条約の特徴
① 成立過程に関して

条約の制定過程は内容とも不可分ですが,障害者権利条約においてはとくに強調しておきたいことがあります.

通常,条約の審議は徹底した政府間交渉になるのですが,権利条約にあっては例外的に障害当事者が参画でき,審議の節々でNGO (non-governmental organizations；非政府組織)代表の発言が認められたということです.そして,あの「Nothing About Us Without Us (私たち抜きに私たちのことを決めないで)」が繰り返されました.松尾芭蕉の句に「閑(しずけ)さや　岩にしみ入る　蝉の声」というのがありますが,まさにこれを彷彿させるものがありました.100日に及ぶ審議の間,国連議場に染み入るように繰り返されたのです.

私たち日本からの延べ200人を超える傍聴団,派遣団(8回の特別委員会を通して)の耳にも響き,「これは本物だ」「これはよいものが出来上がっていくに違いない」と,傍聴した誰もが感じたように思います.しかし,すでに述べたように,このフレーズ自体は権利条約の専売特許というわけでなく,先輩条約の中ですでに培われて

いたものだということも覚えておいてください.

　審議は朝10時から始まります.障害当事者のNGOは8時頃から集まって,その日の作戦会議をするわけです.国連はNGOのために大きな部屋を用意して,コピーやメールも自由に使えるようにしていました.立派ですよね.NGOを取りまとめたのは,IDA（国際障害同盟）（☞11）のリーダー層で,途中からは他の国際NGOを加えての「障害コーカス」という形態で「政府群」に対処することになりました.NGOのメンバーをみていると,1人ひとりの力量もさることながら,「この好機を何とかものにしなければ」という強烈な信念のようなものが伝わってきました.

　議場での発言以外にも,ロビー活動も活発に行われました.たとえば,中国は当初,手話を言語と認めることに難色を示していました.それを認めてしまうと,多くの少数民族の「公用語化運動」に火がつくという国内事情があったのでしょう.もちろん政府レベルでも調整があったと思いますが,NGOの貢献も極めて大きかったのです.そしてあの権利条約第2条（定義）の「言語とは」について,ぎりぎりの時点で中国の賛成を取り付けることができました.紆余曲折の調整過程にあって今の話以外にもNGOのロビー活動が功を奏したことはたくさんあると聞いています.

　もう1つ目立っていたのは欧州（EU）のリーダーシップです.彼らは終始議論をリードしました.やはり,人権に関する分厚く実践的な規範の蓄積ゆえでしょう.象徴的だったのは第1回特別委員会でした.EUは,最初の段階で障害者権利条約の新設には非常に慎重でした.しかし,よくよく聞いてみると,彼らの主張にはそれなりの道理があったように思います.「今さら障害者に特化した条約は必要なのだろうか.既存の条約を一部手直しすれば十分じゃないか」というものでした.これに注文をつけたのが中米・南米・アジアの国々.「EU諸国ではそうかもしれないが,わが国ではまだまだ

そうはいかない．まずは障害者のことを考える規範がほしいのだ」と．こんな大議論が2週間続きました．結果からみれば，EUの戦略があったのかもしれません．すなわち，「みなさんは本気で権利条約を生み出す覚悟があるのですか」と，このテーマに対処する本気度を試していたような感じがします．そしてEUはやおら腰を上げるのです．「わかった．その代わり，障害者だけの権利条約ではなく，地球上のあまねく人類に対する人権条約にしよう．それを障害という観点からとらえたものにしよう」と提起しました．すなわち，人類にとって普遍的な条約にするという注文をつけたわけですね．そして，第2回特別委員会以降，内容づくりを中心とする本格的な審議へと突き進んでいったのです．

② 内容面に関して
a) 新たな障害観
　内容面ではいくつも紹介したいのですが，ここでは2点に絞りたいと思います．1つは，障害のとらえ方を「医学モデル（☞ 25）」から「社会モデル（☞ 26）」へと重心を移したことです．このことは前文のe項，本則の第1条に記載があります．

> 障害が発展する概念であることを認め，また，障害が，機能障害を有する者とこれらの者に対する態度及び環境による障壁との間の相互作用であって，これらの者が他の者との平等を基礎として社会に完全かつ効果的に参加することを妨げるものによって生ずることを認め，(前文e項)

> 障害者には，長期的な身体的，精神的，知的又は感覚的な機能障害であって，様々な障壁との相互作用により他の者との平等を基礎として社会に完全かつ効果的に参加することを妨げ得るものを有す

る者を含む．(「第 1 条　目的」より抜粋)

　障害を「発展する，進化する概念」とした上で，機能障害と，それを取り巻く周りの態度，社会的障壁 (バリアー) の相互作用であるということが，国連の規定で初めて明文化されました．
　私は全盲ですが，角膜移植を 5 回やっても手術は成功しませんでした．ですから，私の場合で言いますと，眼球の機能障害の治療だけというのではなく，障害を移動ならびに情報の障害ともとらえ，機能障害は重いままでも，移動障害や情報障害を軽減もしくは除去することで，社会参加の質は飛躍的に高まるのです．具体的には，音が出るパソコンや時計などの支援機器がそれなりに準備されていたり，あるいは人のサポートという自由度の高い移動支援手段があれば，すなわち，人の態度を含む環境が一定の水準に整えられれば，全盲という状態は変わらなくても，私は暮らしやすくなるのです．社会的障壁には法律や制度も含まれると思いますが，これら政策を含む社会的障壁除去ということが，重要なテーマになっていくわけですね．
　b)「他の者との平等を基礎として」
　もう 1 つあげておきたいのは，権利条約の全編を通して繰り返されている，「他の者との平等を基礎として」についてです．このフレーズは，この条約全体に通底している心棒のようなものです．その数は「他の児童との平等を基礎として」を合わせると，なんと 35 回登場します．つまり，この権利条約は障害者に特別な権利，新しい権利ということは一言も言っていません．もっぱら繰り返しているのが「他の市民との平等性」ということです．グラフ用紙をイメージしてください．真ん中に横にラインを引く，このラインがゼロになるわけです．そうしますと，権利条約はゼロラインから下のマイナスゾーンを埋めることに終始するというものです．まずはゼロを

目標とするわけで，控えめな考え方と言ってもいいのではないでしょうか．

　翻って，日本の状況をみてみましょう．全国社会就労センター協議会（セルプ協）（☞ 27）と「きょうされん（☞ 28）」が 2012（平成 24）年に行った障害者 1 万人調査の結果です．

　収入面では，作業所の工賃，障害年金，親の仕送りすべてを含めて年収 100 万円以下が 56.1％（市民一般 7.9％），100 万円以上 200 万円以下が 42.8％（一般 15.0％），200 万〜300 万はたった 1％（一般 17.6％），300 万円以上になると 0.1％（一般 59.4％）．その暮らしぶりはというと，結局は家族同居が多く，20 代の約 9 割，30 代の約 8 割，40 代の約 6 割，50 代の約 3 割，60 代になって親も 90 歳を超えているような場合でも，なお同居率 16.5％となっています．これが我が国の実態です．「他の者との平等を基礎として」とは，ずいぶんと距離がありますね．

5．「他の者との平等を基礎として」を実質化するための 3 つの仕掛け

　それでは，条文に 35 回も出てくる「他の者との平等を基礎として」の実現を，権利条約ではどのように裏打ちしているのでしょうか．そのための仕掛けが主要なものだけでも 3 つあげられます．

1）合理的配慮（reasonable accommodation）

　まず，「合理的配慮」という新しい考え方を導入しました．第 2 条で定義が，第 5 条 3 項でその必要性が説かれています．合理的配慮は他の人権条約にはない新しい概念です．

　簡単に言うと，「障害のある人間とない人間が対等にふるまうための個別的な支援」ということになるでしょうか．これは政策だけ

でなく，全盲である私に，周りにいる人が肩を貸してくれることなども含まれます．

2）「積極的な区別政策」(affirmative action)

権利条約では，「障害を理由とする，あらゆる区別」を「差別」と言っていますが（第2条では，区別に加えて制限や排除を含めて差別としている），1つだけ例外があります．それが「積極的差別是正，区別是正」です．第2条と第5条3項，第5条4項をご覧ください．

たとえば，入学試験や就職試験に際して，他の者との平等を基礎とするために必要な特別措置（点字や音声が出る機器の利用，試験時間の延長）などがこれにあたります．

3）アクセシビリティ（accessibility）

これは第9条「施設及びサービス等の利用の容易さ」に記されていて，やはり権利条約に特有のものです．よく「バリアフリー」と言われますが，建物などの物理的環境，交通，情報通信，さまざまなサービスに対して，障害者の利用を保障するというものです．アクセシビリティについては，条文全体の中でも，文字数が多く割かれている条項のひとつです．

6．日本における権利条約批准の経緯

1）日本政府の対応
① 日本政府の不可思議な言動

批准に至る経緯の中で，日本政府には「不可思議な言動」「失態」と呼びたくなるような消極的な姿勢，違和感のある姿勢がいくつかありました．2001（平成13）年にメキシコ大統領が権利条約を提唱した時，私はすぐ内閣府に電話をしました．しかし，内閣府の反

応は「あれはメキシコのスタンドプレーだから，取り合う必要はない」という冷ややかなものでした．国会議員もしかりでした．国連では速やかに特別委員会が設置されましたが，日本政府の基本的な立場がこのような感じでしたから，その直後の特別委員会設置の共同提案国にもなれなかったのです．隠れた「歴史的な失点」と言ってもいいのではないでしょうか．

そして，このように遅れをとった日本は，28の共同提案国になれなかったのです．政府による誤った見立てが前提となって，共同提案国を逃したわけですからとても残念です．

② 形だけの批准にストップ

日本政府は，2007（平成19）年9月28日，当時の高村正彦外務大臣がニューヨーク国連本部にて権利条約に署名します．政府による署名というのは，あらためて国際条約の存在を認知することであり，同時にその国における批准のための前提手続きとなるものです．

2009（平成21）年3月上旬，内閣は権利条約の批准方針を打ち出し，3月6日の定例閣議において，権利条約の締結承認案件の閣議決定を行うことになっていることがわかりました．JDFは3日前にこの情報をキャッチし，「形式的な批准ではいけない」とストップをかけました．国内法整備が先決だからです．そして，閣議の前日3月5日になって，翌日の閣議の議題から外されることになりました．この時点で批准が撤回されたからこそ，「障がい者制度改革推進会議（以下，推進会議）（☞15）」が設置され，障害者基本法（☞16）改正，障害者差別解消法（☞18）制定への流れになったのです．仮に制度改革が行われたとしても，まったく異なった結果に終わっていたような気がします．あの時に批准されていたらと思うと，背筋が寒くなるのは，私だけではないように思います．

③ 日本語訳をめぐる問題

また，日本語への翻訳については，今なお解せません．国連には公用語というのがあり，英語，フランス語，スペイン語，アラビア語，ロシア語，中国語の6か国語と決まっています（主には第2次世界大戦での戦勝国の母国語）．権利条約も正式には国連の公用語で作成されています．日本人が権利条約を読むためには，日本語に翻訳されたものが必要になりますが，批准にあたって政府が翻訳したものが公定訳となります．今般の日本国での批准にあたり，外務省が中心となって公定訳案が取りまとめられました．しかし，公定訳案には「おかしいのでは」という声が上がりました．条約の採択に至る国連の特別委員会における世界各国政府及び障害のある当事者等NGOによる真剣な議論が反映されていない，あるいは一般論としての翻訳作業の観点からも誤っているのではという声もありました．また，早々に訳されていた「川島＝長瀬仮訳版」（2008年5月30日）からもずれが少なくありませんでした．

たとえば，第1条の"impairment"と"disability"を「障害」と訳していますが，前者は「機能障害」，後者は「能力障害」と訳すべきと指摘されています．

また，第3条などにある"inclusion"ですが，公定訳は「包容」と訳しています．これでは，社会が障害者を包み込むニュアンスが強調され，障害者が権利の主体であることが読み取れないため，英語表記のまま「インクルージョン」とするべきだとの議論もあります．

もう1つ大きな問題は，第19条の"in a particular living arrangement"を公定訳では「特定の生活施設」と訳しています．これでは，「障害者が特定の入所（生活）施設で生活する義務を負わない」として，対象がいわゆる入所施設のみで，問題となっている精神障害分野の「社会的入院問題」は含まないとする解釈も成り立つのです．これでは特別委員会での議論の本質とかけ離れてしまい，ここは特

別委員会の意向を反映する観点からも，また素直に翻訳するという意味からも，「特定の生活様式」とするべきかと思います．

また，同じ第19条の"personal assistance"を公定訳では「個別の支援」と訳しています．この語は北欧から発祥した必要な支援を障害のある人が自己決定する制度を指しているので，これも英語表記のまま「パーソナル・アシスタンス」と訳すのが妥当かと思います．

この他にも気になる翻訳はいくつもあります．翻訳とカタカナ表記が問題になることがあります．できれば日本語表記が望ましいのですが，たとえば，リハビリテーションやノーマライゼーション，ボランティア，グループホームなどもいろいろと日本語表記に挑戦したのですが，本来の意味が変質してしまうということで，結局，原語表記をそのまま用いることにしたのです．無理な日本語への翻訳は禍根を残すことになるのではないでしょうか．現実には，すでに批准されていますので，しばらくはこのままでいくかと思いますが，早い時期での総点検と必要な修正を期待します．

2）批准要件を埋めるための取り組み

このように，いくつもの課題を抱えつつ，批准要件を満たすための取り組みが続けられました．中でも，2009（平成21）年12月15日に閣議で設置が決定された「推進会議（☞ 15）」の働きは大きかったと思います（2012年5月より障害者政策委員会へと発展）．設置の背景には，権利条約の批准のための条件整備という側面が大きかったことは言うまでもありませんでしたが，加えて障害者自立支援法違憲訴訟（☞ 13）に伴う基本合意文書（☞ 14）の存在がありました．

推進会議の展開に伴い，3つの大きな法律が制定，あるいは改正されます．

まず，2011（平成23）年7月29日に障害者基本法（☞ 16）が改正

されました．そして，2012（平成24）年6月20日，障害者総合支援法（☞ **17**）の制定．問題含みの法律ではありますが，検討条件付きで多くの団体が了解したものです．2013（平成25）年6月19日には障害者差別解消法（☞ **18**）が制定されました．

3）批准までの経緯

こうした歩みを経て，批准要件を満たしたというよりも，半分以上は今後への期待を込めて，批准を承認する流れとなりました．2013年10月15日に「障害者の権利に関する条約の締結について承認を求めるの件」が閣議決定され，即日，国会（第185回臨時国会）に上程され，11月19日に衆議院を通過，同28日には参考人招致．私も参考人として意見陳述しました（川島聡さん，尾上浩二さん，久保厚子さんと共に）．そして，2013年12月4日の参議院本会議で可決成立（**写真5**）を受けて，2014（平成26）年1月20日に批准書を国連事務総長に寄託しました（実際には，国連ニューヨーク本部にて，吉川元偉国連大使から批准書を国連法務局のビジャルパンド課長へ手渡し）．

この2014年1月20日をもって，署名から7年以上の月日を経て，日本は晴れて権利条約批准国となりました．この日に詠んだ短歌です．

　　締結の　前と後との　暮らしぶり
　　転機にせねば　2014年

日本は141番目の批准国（EUを含む）です．私はかねがね「名誉ある最終ランナーグループでいい」と言ってきました．最終ということはありませんでしたが，形だけの批准ではなく，関連国内法制を固めながらの批准は，今後の日本での人権条約の批准にあたっ

写真5 2013年12月4日，参議院本会議で条約の批准を承認したところ．記名投票し，全会一致で承認が決まった．中央に記名票が集まっている．

(福祉新聞社提供)

て，また世界の障害分野に対しても，批准のあり方に関してひとつの方向を示すことができたのではないでしょうか．

そして，条約の規定に沿って批准から30日目が発効日となります．それが2014年2月19日です．

4) 障害者権利条約推進議員連盟ならびに助成団体の支援

こうして批准までの経過をふり返る時，これまで述べてきたこと以外にもいろいろと脳裏をよぎります．ここで，もう2つだけ紹介しておきたいことがあります．

その1つは，超党派議員で発足し，今なお存在感と役割を果たしている「障害者権利条約推進議員連盟」(以下，権利条約議連)につ

いてです．発足は，国連の特別委員会での審議が佳境に入ってきた2003 (平成15) 年2月22日で，以来，節々で権利条約議連とJDFとの合同で，もしくはJDFがオブザーバーとなって会合を重ねています．なお，権利条約議連の会合には，外務省や内閣府などの関係省庁の出席が要請され，時々の最新動向の共有ならびに関係者間の意思疎通を図るなど，権利条約議連の調整機能はとても重要だったと思います．批准後も，当面は権利条約議連のまま存在することが確認されています．初代の会長には中山太郎衆議院議員，続いて横路孝弘衆議院議員，現在は高村正彦衆議院議員が担っています．

もう1つは，長期にわたる民間助成団体の支援をあげたいと思います．権利条約関連の活動や事業は，批准までもその後も，個別の団体としてではなく，JDFに一元化して取り組んできました (JDも同様に)．そして，そのJDFの権利条約関連の活動や事業を一貫して支えてくれたのが民間助成金団体でした．とくに掲げたいのが，公益財団法人助成財団センターのコーディネートにより行われた公益財団法人キリン福祉財団，公益財団法人損保ジャパン記念財団，公益財団法人ヤマト福祉財団による共同助成事業です (現在も継続中です)．2002 (平成14) 年から2006 (平成18) 年までの国連の特別委員会には，JDFから延べ200人近い関係者が派遣団として傍聴やロビー活動に加わりましたが，その際の通訳経費や事務局経費などの支援を受けました．採択後も，引き続き批准に向けての国内啓発企画などへの支援を続けていただいています．マスコミの協力とあわせて，私たちとしてはなんとも心強く，うれしい限りです．

7．権利条約の日本での効力と法的な位置

1）権利条約に備わる力

この権利条約は，障害分野に関わる者に3つの力をくれたと思い

ます.

　1つは，これまでの自分たちの取り組みについて，決して間違っていなかったという確信をもたせてくれたことです．条文を読むと，「わが意を得たり」という感じがしませんか．

　2つめは，関連法制度改革への現実的な指南です．改革の基本設計図を方向づけるという現実的な役割をもっています．述べてきたとおり，批准前にして，3つもの大きな法律を改正したり制定できたのですから．

　3つめは，運動面，政策面，実践面，事業面など多岐にわたる将来へ向けての「北極星」(めざすべき目標) を得たということです．

　過去における確信，現在における指南，未来に向かっての北極星です．

2) 権利条約の法的な位置

　次に，憲法ならびに一般法との関係において，権利条約の法的効力をみてみましょう．

　憲法98条第2項にはこうあります．「日本国が締結した条約及び確立された国際法規は，これを誠実に遵守することを必要とする」．これをわかりやすく言うと，批准された条約はすなわち国際規範であると同時に，国内でも効力をもつことになります．そして，位置づけとしては「憲法の下，一般法の上」ということになります．日本では憲法以外はすべて一般法になります．権利条約は，一般法である個別法の上位に君臨する，そしてこれらの法律を拘束する力を保有することになるのです．

　ただし，子どもの権利条約や女性差別撤廃条約をみる限り，これを本当に批准しているのかと疑わしくなります．批准された人権条約を野球のホームベースと重ねてみてください．日本政府は，なかなかホームベースの真ん中に投げようとはしません．ほんのわずか

かすればいいと考えているのではないでしょうか．私たちは，ど真ん中のストライクがほしいのです．ど真ん中に入った時に，関連の法制が変わり，社会が変わっていくのだと思います．批准したこれからは，ぎりぎりで解釈しなければならないような条約の扱いではなく，現実的な変化をもたらすわかりやすい条約に育てていかなければなりません．人権条約というのは，批准されたとはいえ，自動的に効力が発揮されるわけではありません．そこには何かが必要となります．これについては後段で触れることにします．

8．権利条約発効に伴う条約上の義務と権利

　締約国，すなわち批准を終えた国は，2年以内に（それ以降は少なくとも4年に1度）国連に対して，条約履行に関する報告書を提出する義務を負います．これは誤魔化しのきかないものです．日本政府が正式に提出するものの他に，「パラレル・レポート」といって民間も別個に報告書を提出することができます．

　締約国のもう1つの義務として，締約国会議への出席があります．権利条約には少なくとも隔年開催を規定していますが，現状は毎年の開催となっています．

　次は権利ということになりますが，条約の第34条に定められた障害者権利委員会（18人で構成）に立候補できます．ただ，これはやはり政府間のパワーバランスの問題にもなりますので，「さあ，日本どうする」というところです．実は今年（2014年）は改選期にあたりますが，アジア地域はすでに中国，韓国，タイが委員になっています．日本が立候補するとなると，アジア地域内での調整が必要になります．現実的には，今期は見送り，2年後の改選に向けて，官民一体となっての周到な準備が求められます．

9. 批准を受けての当面の政策課題：未来を拓く 10 の課題

　いよいよ日本は権利条約を批准したわけですが，批准はあくまでも手段に過ぎません．目的は，「障害者の死亡率 2 倍」という現実，そして，年収が相対的貧困線以下に閉じ込められている障害者の現実などを好転させることです．

　以下に，批准を受けての当面の政策課題を「未来を拓く 10 の課題」として列挙します．1 から 10 は優先順位ではなく，ほぼ横一線で取り組まねばならない課題とお考えください．権利条約がこれらの改革に響かないようでは，前述したように「絵に描いた餅」になってしまいます．

1）家族依存からの脱却

　先にも述べたように，障害者の家族同居率は極めて高くなっており，20 歳を過ぎても親（兄弟姉妹の場合も）丸抱えの現実があります．むろん血縁はかけがえのないものであり，家族が助け合うのはごく自然な形です．しかし，家族の状況がどうであれ「まずは親が」，ぎりぎりになれば「最後は家族の方で」というのはあまりに辛い話です．これの法的な根拠をみていくと，1898（明治 31）年に施行された民法の扶養義務制度（☞ 29）に遡ります．途中で義務の範囲が 4 親等から 3 親等に変更された以外は，現在に至るまで変わっていません．このほど廃止された精神保健福祉法に基づく保護者規定（☞ 30）が「家族同意」として形を変えて残ったのも，費用負担など何かというと世帯合算が頭をもたげてくるのもここに由来するのです．

　権利条約に照らしてみると，前文の n 項には個人の自律及び自立が重要であると記されています．また，第 19 条には，障害のある人が，他の者との平等を基礎として居住地を選択し，どこで誰と暮ら

すのか選択できること，地域の中で孤立や隔離を防止するために必要な支援を受けることができると謳われています．家族と暮らさざるを得ないというのは，素直に考えて第19条の精神と相いれないように思います．

2）「谷間の障害」問題の解消

難病（☞31）を含む，いわゆる「谷間の障害」と言われるものはまだ多く残っています．高次脳機能障害，発達障害，難病等については，完全に障害者施策に包含されていません．この問題の解消にはJDでも重点を置いてきました．障害の種別によって障害者同士で格差が生じるのは最も辛いことです．権利条約は，「他の者との平等を基礎として」を繰り返し，一般市民との平等性を強調していますが，その大前提として，政策の全面にわたって障害種別間に横たわる不合理な格差を是正していかなければなりません．

なお，これは障害者手帳制度（☞32）を含む障害認定のあり方にも直結する課題です．医学モデル（☞25）と社会モデル（☞26）のバランスを図った手帳制度，認定制度の開発が求められます．

また，「谷間」や格差の問題は，障害のある人の男女間でも顕在化し，年齢による格差も黙過できません．わけても18歳未満の子どもの段階，障害がありながら65歳を超えた者に対しては政策上の遅れが目立っています．最近では都市部とそれ以外の地域との間の「地域間格差」の問題も深刻になっています．

3）本格的な所得保障制度の確立

前述したとおり，福祉的就労の場で働く障害のある人たちの所得の水準は極めて厳しい状況に置かれています．これでは，親からの独立を果たすことはできません．

権利条約の前文t項では，障害者の大多数が貧困の状況下で生活

していること，貧困が障害者に及ぼす悪影響に対処することが真に必要であると指摘しています．さらに第28条でも相当な生活水準及び社会的な保障を明記しています．

　日本の実体（貨幣価値など）からみて，障害基礎年金を主な収入源として生活を成り立たせることは難しいと思われます．権利条約に照らして考えていくと，本格的な所得保障制度，たとえば稼働所得の不足分を補う制度や，障害のある人が障害ゆえに追加的に必要となる経済的負担の軽減を図るための制度が必要です．労働及び雇用政策とのリンクも重要になります．

4）障害者差別解消法の実質化

　「障害を理由とする差別の解消の推進に関する法律（略称，障害者差別解消法）（☞18）」が制定されました．2016年の施行を前にして，その内実ともなる基本方針やガイドライン（公務員に対する対応要領，民間事業所に対する対応指針）の作成準備が進められていますが，どの程度実質的なものになるのかが問われています．とくに，「合理的配慮」に関わる規定等の水準が問われます．また，地域での差別事象の解消への基幹策として障害者差別解消支援地域協議会が法定化されましたが，設置が義務化されていないこと，財政面で安定性を欠いていることなど，施行を前にして問題点や不安が表面化しています．

　権利条約は「差別禁止条約」の性格を有するもので，批准が成った今，条約に沿っての改正を展望してもいいのではないでしょうか．なお，まだまだ残っている欠格条項（☞33），民間の定款・約款などにある排他的な取り扱いについても総点検を行い，廃止を原則とした抜本的な改革が必要です．

5）社会的入院・社会的入所（☞ 34）問題の解消

　医療上の理由以外で何十年も病院に入っているのは，ともかくおかしいことです．社会的入院は長きにわたって日本の障害分野の暗部とされ，今なお好転の兆しがみえません．厚生労働省の病院報告（平成25年11月分概数）によれば，一般病床の平均在院日数が17.0日であるのに対し，精神科病院では290.4日，その開きは17倍です．社会的入院の温床のひとつは，病床数が多いということです．精神科病床は34万床あまり，この数字は世界中の全病床数の約2割にあたり，日本国内の全病床数の約2割に相当します．このようにして異常に多い病床数がほぼ横ばいでこの間何十年も変わっていないのです．

　まさに権利条約第19条にある「特定の生活施設で生活する義務を負わない」の精神に抵触することになります．

　障害をもたない国民が同じ処遇を受けていたら，とっくに問題が爆発しているでしょう．それが表面化せず，大きくならないこと自体が差別にあたるのではないでしょうか．

6）地域生活を支える社会資源の質と量の拡充

　法定外事業に依存していたこの国であり，小規模作業所や共同作業所などと呼称されていた無認可事業所は，ピーク時6,025か所（2005年度現在の都道府県等の補助金対象）に達しました．これらの多くが，NPO法人を運営主体とする法定事業に移ったものの，数量的にはまだまだ不足しています．今後，精神障害分野の社会的入院問題や知的障害分野の入所施設問題の解消が本格化すれば，働く場・活動の場，居住の場のいっそうの不足は想定されます．加えて，現状にあっても，離島や半島を含む過疎地域では，社会資源の不足は深刻です．これらの地域では，定員割れによって事業の継続が危ぶまれているところも少なくありません．個別的な対応が求められ

ます。

　なお、社会資源の質的な問題であげられるのは、人的体制の強化です。非正規スタッフの急増は、事業体の支援力を急速に弱体化させ、待遇の劣悪さはスタッフへの応募者数を大幅に減らしています。スタッフの正規化政策、待遇改善につながる財政支援策が急務となっています。同時に、個々の法人や事業所にあっては、いわゆるマンネリ化現象が少なくなく、障害当事者（利用者を中心に）の運営参画を含む思い切った改革が求められます。

7）ディーセントワークの視点での就労支援策の拡充

　権利条約第27条では、障害者が他の者との平等を基礎として労働についての権利を有することを認めています。ディーセントワークは「尊厳ある労働」「人間らしい働き方」などと訳されますが、今の就労継続支援B型事業（☞35）、あるいは旧・授産施設では、生涯にわたって訓練生であり、低工賃である実態は、果たして「人間らしい」と言えるでしょうか。日本においては、労働施策と福祉施策の分断政策に大きな問題があります。「一般就労」とか「福祉的就労」という言葉自体が障害分野特有の言葉なのです。そして、最大の問題点は、その両者の落差が大きいことです。

　JDでは、重い障害者を排斥することのない「雇用」の拡充をめざし、「社会支援雇用（☞36）」という新しい考え方を提唱しています。いわゆる対角線モデル（☞37）に基づくものです。これは医療と福祉、労働の縦割り行政を打ち破る取り組みでもあります。

8）アクセシビリティ、ユニバーサルデザイン政策の推進

　すでに触れてきたように、アクセシビリティという概念は「合理的配慮」などと並んで権利条約の重要な柱のひとつになっています。具体的には、情報・通信、建物・交通など、多岐の領域にわたり

ます．さしあたって求められるのは，情報・コミュニケーションに関する法的基盤の確立です．すべての障害者を対象とする「情報・コミュニケーション法」ということになります．また，手話が言語に含まれるという新たな局面を迎えて（改正障害者基本法第3条），「手話言語法」(☞ 38) の制定も急がなければなりません．公共交通機関や多くの市民が出入りする建造物については，運動機能障害に対する配慮の拡充はもちろん，知的障害，発達障害，高次脳機能障害，難病，さらには色覚障害がある者などに対しても配慮が必要です．

9）基礎データの集約・蓄積

日本には統計法という法律がありますが，残念ながらこの統計法に基づく正規の調査は障害分野ではほとんどありません．権利条約第31条には，条約を実現するための政策立案，実施のための情報（統計資料及び研究資料を含む）を収集することとなっています．この国の障害分野の資料は極端に貧困な状況にあります．少なくとも一般市民の生活水準との比較，さらには過去との比較，そしてなにより障害当事者のニーズとの比較，これらが可能になるような調査・データの集積が必要です．内閣府を中心に，調査の実施や関連情報を収集，分析，蓄積，公開（わかりやすさに配慮して）するための特別の体制が求められます．

10）障害者政策関連の予算確保

日本は一千兆円を超える大赤字の国です．こうなった以上は，ここに至った猛省を前提として，ある程度の我慢はやむをえないと思います．我慢とあわせて，ひとつ取り組んでほしいことがあります．それは，この国の総予算に占める障害関連政策費の割合をまともにしてほしいのです．「まとも」とは，中部ヨーロッパ並みであり，

より具体的には OECD (☞ 39) の平均値以上ということになります．残念ながら，現状はこれを下回っています．平均値に引き上げることで現状の 1.8 倍近くの予算になるという試算もあります．予算割合の OECD の平均値という主張は，決して無理なことではないのではないでしょうか．

課題は山積ですが，これらを権利条約によって実現していかなければなりません．いつまでに？ 「近未来」というと，一般的には 10〜15 年以内でしょうか．それまでに何とか実現したいものです．

10. 権利条約を日本列島の隅々に：1 人ひとりに問われること

1) 権利条約は楽譜と一緒

表紙を開いたところに 1 枚のイラストがあります．権利条約を前にすると，楽譜のイメージが重なってきます．五線や音符，休符，記号などから成る楽譜は，世界中のどの国でも用いることができます．考えてみれば，楽譜ほどすばらしい世界共通言語はないのではないでしょうか．たとえば，有名なベートーベンの交響曲第 5 番「運命」にしても，楽譜そのものは一種類しかありません．ベルリンフィルハーモニーが演奏する場合でも，中学校の吹奏楽部が演奏する場合でも，同じ楽譜を用いるのです．問題は奏で方です．奏で方によって，楽譜の価値は増幅もすれば，もしかしたら台無しになってしまうかもしれません．

権利条約についても，楽譜と同じように内容は世界共通です．問われるのは，やはり奏で方です．私たちの国になぞらえれば「日本障害オーケストラ」が演奏することになり，さしずめ指揮者は内閣総理大臣，コンサートマスターは厚生労働大臣ということになるの

でしょうか．国レベルだけではなく自治体にあっても，また民間の団体や法人，事業体についても，演奏の主体になるのです．私たち1人ひとりでいえば，なんらかの楽器を担当することになり，奏力が試されます．権利条約の価値や魅力を最大限に引き出すような，主体的で創造性に満ちた奏で方が求められるように思います．

なお，この奏で方をチェックする仕組みとして，権利条約の第33条には「国内における実施及び監視」が謳われています．これは権利条約の実施を監督するために独立した機関を設置するというもので，日本では障害者基本法に基づく障害者政策委員会が，障害者基本計画を通じて条約の履行状況を監視することとなっています．そう考えていくと，障害者政策委員会の存在は決定的な意味をもつことになります．法律上の位置づけとは別に，実際の運用面でどう力を発揮していくのかが問われます．構成メンバーや開催回数，審議内容を中心に，監視機能を有する障害者政策委員会そのものを私たちで監視していくことが重要になります．

2）運動によって価値が増幅

奏で方の大切さとあわせて，もうひとつ強調しておきたいのが運動の大切さです．このことと関わって，短歌を詠みたいと思います．

> 条約の　値打ち上げるも　上げざるも
> 鍵を握るは　運動の力(りき)

権利条約が，「自動的に力を発揮してくれるのではない」ということは，おおよそわかってもらえたかと思います．奏で方が大事であることも前述したとおりです．奏で方とも重なりますが，あえて運動が大切であることを押さえてほしいと思います．7の最後に触れた「必要な何か」とは，これからを切り拓く運動の力なのです．

今後，私たちは，権利条約を活用しながら，政策提言や要望書を作成したり，市民向けの啓発企画を立てることになります．そしてこれらをもとに，国会や地方議会へ，政府や自治体へ，社会全体へ向けて働きかけなどの行動をとっていくように思います．権利条約の活用自体すでに運動の域にあろうかと思いますが，大事なことは，行動に入った時に，権利条約が追い風になってくれるということです．ポイントは，「行動に入ったら追い風に」です．黙っていては，追い風になってくれません．むろん，追い風を得た働きかけはより強力になるでしょう．活用，働きかけ，追い風，なんらかの成果（すぐに答えが出ないにしても），これらの上に権利条約はさらに存在感と値打ちを増していくのだと思います．わけても，活用と働きかけ，すなわち運動が権利条約の生命を太らせるのだと思います．
　活用も働きかけも，その前提となるのが，権利条約に真摯に対峙することかと思います．要するにその本質を正確に学ぶことであり，少しでも自らの血肉にしようとする営みです．座学が大事であることは言うまでもありませんが，もうひとつ有効な学び方は，とにかく他者に伝えることです．伝えるためには，読了はもとより最低の理解が必要になります．地域にできる限り伝えていくこと，そのためには自らの学びが求められること，まさに一石二鳥です．自ら学びながら，そして障害分野に関する世界の共通言語となっている権利条約を地域の隅々に，日本列島の隅々に……きっと何かが変わるに違いありません．

3）「ゼロ地点戦略」と「横並び戦略」

　最後になりますが，権利条約を羅針盤とする今後の運動にあたり，2つの「戦略」を提案します．このような言い回しで提案するのは初めてになりますが，内容は，これまで述べてきた権利条約から導いたものです．権利条約の本質に触れるものかと思います．ただ

し，すでに与えられた紙幅が尽きており，要点のみの記述となります．私自身もさらに深めたく，読者のみなさんにおかれてもぜひとも熟慮してほしいと思います．

　戦略の1つめは，「ゼロ地点戦略」です．前述してきたとおり，権利条約では，障害者に対して「新しい権利」「特別な権利」を一言も言っていません．もっぱらマイナスを埋めること，つまり障害のない市民との格差解消に腐心しています．もちろん，その先にはプラスを狙うわけですが，当面は「障害分野がこぞってゼロ」を目標にするのです．要するに，障害のない市民との平等性，公平性を実現するということです．あえて「完全実現」を強調してもいいかもしれません．「まずは障害のない市民と同等に」，これが私の言う「ゼロ地点戦略」です．

　2つめは「横並び戦略」です．これは障害種別間の格差をなくし，谷間と呼ばれる障害，あるいは同じ障害種別の中に生じているデコボコを解消していくことです．加えて，障害のある者の男女間の格差，年齢からくる格差，住んでいる地域による限度を超える格差などについても解消が急がれます．当面は，先行している分野に揃えるという視点が肝要かと思います．

　「ゼロ地点戦略」にしても，「横並び戦略」にしても，まずは正確なデータ収集が大事になろうかと思います．同時に，私たちの日常の支援や運動においても，意識的にこの2つの戦略にこだわっていこうではありませんか．

むすびにかえて

　権利条約をながめていると，ふと国際障害者年〈1981（昭和56）年〉当時がよみがえってきます．日本の障害分野にとっての「黒船」をイメージさせるものがありました．実際に次々と翻訳される国際

障害者年に関連した国連決議や報告書は，いずれも目からうろこでした．

あれから3分の1世紀が経ちました．たしかに，国際障害者年とこれに関係した動きがもたらしたものはとても大きかったように思います．障害のある人に関するいくつもの法律や制度が誕生し，改正も図られました．副産物も相当なものでした．たとえば，ノーマライゼーションやリハビリテーション，バリアフリー，QOLなどの大切な考え方が，原語のまま私たちの国に根を下ろしたのもこの頃です．

一方で，予想以上に解決が遅れている課題や問題点もたくさんあります．本書でもとりあげてきた，異常なほどの低所得と家族依存の中での「名ばかり地域生活」や社会的入院問題・社会的入所問題などはその一例です．

さて，問題はこれから先のことです．過ぎ去った3分の1世紀とは逆に，3分の1世紀先を展望するとどうなるでしょう．法的な根拠をもつ批准された権利条約であり，パワーという面では国際障害者年をはるかに上回るものがあるはずです．私には，2つの影が交錯するように観えてきます．1つは，障害のある人にとっての新たな時代の到来，改革が進んだ状態です．そしてもう1つチラチラ映るのが，予想以上に改革が進まない状態です．もちろん，改革に満ちた未来としていかなければなりません．時代の前後を見渡してみて，権利条約ほど私たちへの人類社会からの大きなプレゼントはないように思います．「変えられないのは過去，変えられるのは未来」，こんな言い回しがありますが，あらためて訴えたいと思います．「権利条約仕様の新たな未来を創りましょう」，これを結びとして稿を閉じたいと思います．

用語解説

(本文中, ☞を付した用語に解説を加えました)

☞**1　JD（日本障害者協議会）**：1980年4月，国連・国際障害者年（1981）を日本でも成功させようと，障害のある本人，家族，施設，専門職，研究者等，100を超える全国的な障害者関係団体が日本で初めて大同団結した「国際障害者年日本推進協議会」として発足．以来，調査研究や政策提言の作成と公表，大会・セミナー等の開催，情報誌やホームページ等による情報の発信，広く国民に向けた啓発運動などを行っている．

1993年4月，「国連・障害者の十年（1983〜1992）」の終わりを機に，国際障害者年のスローガン「完全参加と平等」に沿った運動を継続し具体化させることを重要理念とし，名称を「日本障害者協議会（JD）」と改め，新たにスタートした．

2008年10月31日，障害者本人による日本初の集団訴訟となった障害者自立支援法違憲訴訟の和解の結果交わされた「基本合意」の完全実現をめざす会に関する情報の拠点として，事務局を務めている．

2012年4月より，特定非営利活動法人（NPO法人）となり，広報誌の題号でもある「すべての人の社会（Society for All）」実現に向けて活動を行っている．

☞**2　調　一興（しらべ　かずおき）**：1926年生まれ．1953年肺結核を発病．療養後，1959年，片肺機能の身で，同志である結核回復者の働く場として「社団法人東京コロニー協会（現・社会福祉法人東京コロニー）」創立．結核回復者の仲間とともに全国各地で障害者の働く場（コロニー）建設に奔走し，その中心的存在となる．1960年に全国コロニー協会（現・社団法人ゼンコロ）を創立し，その運営と並行して障害分野でリーダーシップを発揮し，障害者団体間の協調を図りつつ，政策提言も精力的に行う．

1989年に全国授産施設協議会（現在の全国社会就労センター協議会）会長となり，国際的な視野をもって，国際就労組織（IPWH：現・WI　Workability International）に加盟．1992年社団法人ゼンコロ会長，1993年日本障害者協議会（JD）代表．低肺機能の身でありながら全国各地からの求めに応じて多くの

講演を行い,精神障害者問題にも力を注いだ.2005年逝去.

☞3　丸山一郎（まるやま　いちろう）：1942年生まれ.1964年慶應義塾大学在学中に東京パラリンピックに通訳ボランティアとして参加,障害者選手団の日本と欧米との社会的格差に愕然とし,1966年障害者雇用を目的とする大分の「太陽の家」の募金運動に参加.東京都心身障害者福祉センター,東京コロニーを経て,1980年厚生省身体障害者福祉専門官,内閣総理大臣官房国際障害者年担当参事官補,1990年全国社会福祉協議会障害福祉部長,1992年アジア太平洋の十年推進NGO会議事務局長などを歴任し,1999年埼玉県立大学保健医療福祉学部教授.障害者問題を国際的視野に立って考え,障害のある人の立場に立ちつつ改革への挑戦を続けてきた.JD副代表を務めた.2008年逝去.

☞4　板山賢治（いたやま　けんじ）：1926年生まれ.1950年日本社会事業大学研究科卒業後,32年間,厚生省の生活保護や高齢者福祉部門等で国政にあたった.1981年国連・国際障害者年当時は推進本部事務局長を社会局更生課長と兼務し,国際障害者年を成功に導き,障害者福祉の発展に尽力した.退官後は,日本社会事業大学専務理事,全国社会福祉協議会常務理事,日本障害者リハビリテーション協会常務理事,浴風会理事長をはじめ要職を歴任した.厚生省時代から型破りな改革家で,障害のある人と渡り合い議論して障害者理解を深め,障害者福祉をライフワークとした.一貫して当事者の立場に立ったソーシャルワーカーであった.JD顧問.2013年逝去.

☞5　三澤　了（みさわ　さとる）：1942年生まれ.1964年中央大学2年生の時に交通事故で頸髄を損傷し大学を中退し,東京都心身障害者福祉センターで職業訓練.1973年「頸損を考える会（現・頸髄損傷者連絡会）」,1975年「障害者の生活保障を要求する連絡会議」などに参加.1977年「電動車いす使用者連盟」では会長を務め,普及に尽力した.1979年全国所得保障確立連絡会,1988年RI（リハビリテーションインターナショナル）世界会議を機に「行動する障害者委員会」を結成した.1992年DPI（障害者インターナショナル）日本会議事務局長,2003年同議長.交通アクセス改善を求める運動を自ら実践し,電動車いすを駆ってどこへでも出かける行動派.JDF副代表を務める.2013年逝去.

☞ 6 **勝又和夫（かつまた　かずお）**：1948年生まれ．3歳で脊髄カリエスに罹患．16歳で車いすの1級障害者となる．1969年国立伊東重度障害者センターに入所，1971年コロニー印刷所の訓練生を経て，1973年東京コロニー職員，トーコロ情報処理センター所長などを歴任し，2001年社会福祉法人東京コロニー理事長．車椅子バスケットにも親しみ，東京都や全国の車椅子バスケット連盟の役職にも携わった．全国社会就労センター協議会の役員，日本セルプセンター副会長などを歴任し，2005年日本障害者協議会代表．褥瘡に苦しみ，晩年は人工透析の身となったが，体調の許す中で活動した．2013年逝去．

☞ 7 **ADA（障害のあるアメリカ人のための法律）**：「Americans with Disabilities Act」の略称．1990年にアメリカで制定された，障害による差別を禁止する世界初の法律．アメリカでは1964年の公民権法で，人種，肌の色，信仰，性別または出身国による差別が禁止され，1973年リハビリテーション法へ第504条が追加されたことにより，行政機関と連邦政府の財政補助を受けた活動等において，障害による差別が禁止された．そして，ADAにおいて雇用・公共サービス・公共施設・電話通信の分野での差別禁止が規定された．2008年には，保護の対象となる障害者の範囲を広げる方向で改正されている．

☞ 8 **ICIDH（国際障害分類）**：「International Classification of Impairments, Disabilities, Handicaps」の略称．1980年にWHOが障害のとらえ方について示したモデル．疾患・変調が原因となって機能・形態障害（Impairments）が起こり，それから能力障害（Disabilities）が生じ，それが社会的不利（Handicaps）を起こすとしており，障害をこの3つのレベルでとらえるという階層性を示した点で画期的だった．

　一方，障害のマイナス面を中心にみているためプラス面への言及がないこと，環境因子，とりわけマイナスの影響を及ぼす阻害要因と機能障害の相互作用によって社会的不利が起きる点を明らかにするべき，等の批判があった．

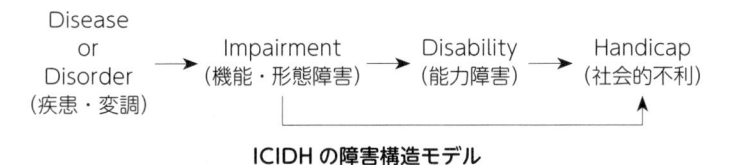

```
Disease
  or      →  Impairment    →  Disability   →  Handicap
Disorder     (機能・形態障害)     (能力障害)       (社会的不利)
(疾患・変調)                                          ↑
                                                      |
```

ICIDHの障害構造モデル

☞ 9　ICF（国際生活機能分類）：「International Classification of Functioning, Disability and Health」の略称．ICIDHへの批判を受けて1990年から改定の議論を始めたWHOが，2001年に決定した新しいモデル．ICIDHによる障害を3つのレベルでとらえるという提起を，プラス面を重視する立場から発展させて，機能障害でなく「心身機能・構造」，能力障害でなく「活動」，社会的不利でなく「参加」という用語を使い，これらが障害された状態を「機能・構造障害」「活動制限」「参加制約」とした．

　また，生活機能と障害に影響を与える要素として環境因子と個人因子を位置づけ，機能障害等個人の内側にある要因と，環境等個人の外側にある要因が，心身機能・構造，活動，参加の3つのレベルと相互に作用し合って，生活と人生に影響を及ぼすことを明示した．

　ICFは障害分野の共通言語として，医療・福祉・教育・職業等のサービスの現場での活用が期待されている．

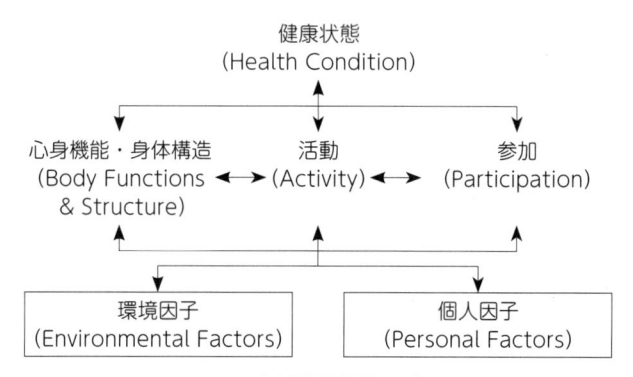

```
                    健康状態
                (Health Condition)
                    ↑    ↑    ↑
                    ↓    ↓    ↓
     心身機能・身体構造    活動         参加
     (Body Functions) ←→ (Activity) ←→ (Participation)
      & Structure)
            ↑↓         ↑↓          ↑↓
        ┌─────────────┐    ┌─────────────┐
        │   環境因子    │    │   個人因子    │
        │(Environmental│    │(Personal    │
        │  Factors)   │    │  Factors)   │
        └─────────────┘    └─────────────┘
```

ICFの生活機能構造モデル

☞ 10　ILO（国際労働機関）基準：ILOは幅広い労働の問題に取り組む国際機関で，1919年に国際連盟とともに誕生し，1946年に新たに設立された国際連合と協定を結んだ最初の専門機関となる．2014年4月1日現在，185か国が加盟．日本は1919年から加盟（1940年～1951年の間は脱退）．政労使の三者によって構成されている．ILOは，条約と勧告によって狭義の国際労働基準を構成し，その取り扱う分野は広範囲にわたっている．1983年には159号条約「職業リハ

ビリテーション及び雇用（障害者）」を採択し，日本も批准している．

　2007年に全国福祉保育労働組合は，JD 及び WI の支援を受け，「日本政府の障害者雇用施策は，ILO が定める職業リハビリテーション及び雇用（障害者）に関する条約（第159号条約）及び関連する勧告に違反している」と提訴している．丸山一郎氏はこの提訴にあたって奔走した．

☞**11　IDA（国際障害同盟）**：1999年に，前身の IDPA（国際障害者団体長同盟）が結成．障害当事者組織を中心に，協力・共同の国際活動ネットワークのあり方を探るという目的で開催され，「世界政治と国際障害領域において，障害者の声を強化し，障害者に影響する共通課題に関する合同戦略を確立する」ことを確認した（加盟12団体のうち，障害当事者団体でないのは知的障害者と家族の会のみ）．2000年に IDPA を発展的に解消し，IDA（国際障害同盟）が誕生．

☞**12　JDF（日本障害フォーラム）**：第2次「アジア太平洋障害者の十年」及びわが国の障害者施策を推進するとともに，障害のある人の権利を推進することを目的とし，2004年に障害者団体を中心に設立された．13団体によって組織されている．

☞**13　障害者自立支援法違憲訴訟**：2005年，障害のある人が生きるために必要な支援やサービス利用に応益負担を課す障害者自立支援法が成立した．利用者負担は障害者福祉の本質に反するものであり，憲法違反だとして，2008年10月に全国8地裁で国を提訴し，最終的には全国14地裁に71人が提訴．2009年民主党政権が誕生し，2010年1月7日，基本合意文書が締結（司法和解）された．

☞**14　（障害者自立支援法違憲訴訟原告団・弁護団と国〈厚生労働省〉との）基本合意文書**：2010年，障害者自立支援法違憲訴訟の和解にあたって，政府，与党3党，訴訟団の協議によって作り上げられた公文書．応益負担を廃止すること，平成25年8月までに障害者自立支援法を廃止することとあわせ，国（厚生労働省）は，障害者自立支援法によって障害のある人の人間としての尊厳を深く傷つけたことに対し，心から反省の意を表明した．また，今後の新たな障害者制度全般の改革のため，障害者を中心とした「障がい者制度改革推進本部」を速やかに設置し，新たな総合福祉制度の策定の際には，障害者の参画のもとに十分な議論

を行うことを約束している.

☞15　**障がい者制度改革推進会議**：2009年9月に発足した民主党政権は,同年12月に総理大臣を本部長とする「障がい者制度改革推進本部」を閣議決定により内閣に設置した.同本部のもとに障害のある人,学識経験者からなる「障がい者制度改革推進会議」が開催されることになった.推進会議は,26人の構成員(うち2人はオブザーバー)中14人(うち1人はオブザーバー)が障害当事者か家族で占められた.

推進会議では,障害者権利条約の批准にふさわしい法整備をめざし,さらに,障害者自立支援法違憲訴訟で国(厚生労働省)と訴訟団が交わした基本合意文書に基づき,新たな法制度(障害者基本法の抜本改正,障害者差別禁止法の制定,障害者自立支援法を廃止して新たな障害者総合福祉法の制定)に向けて検討を行った.

当事者中心の審議体であること,構成員である障害当事者が会議に参加する際の個別的配慮が行われたこと,事務局主導の従来型の審議形式をとらなかったこと,公開の原則を貫いたことなど,これまでにない特徴がある.2012年7月より障害者政策委員会に引き継がれた.

☞16　**障害者基本法**：2010年6月,障がい者制度改革推進会議は,「障害者制度改革の推進のための基本的な方向〈第一次意見〉」をまとめ,この意見を尊重して「障害者制度改革推進のための基本的な方向について」が閣議決定された.閣議決定された改革の工程表を踏まえ,2011年の通常国会に改正法案を提出することをめざし,障害者基本法の改正に向けた審議が障がい者制度改革推進会議において行われ,2010年12月に,改正障害者基本法に盛り込むべき事項を「障害者制度改革の推進のための第二次意見」としてまとめた.

新しい障害者基本法は,権利条約がめざすインクルーシブ社会の構築をめざし,障害の社会モデルの観点へと抜本的に転換させ,手話を言語として認め,差別禁止の中に合理的配慮の考え方を盛り込んだ.一方,女性障害者の複合的な困難や精神障害者への強制医療,地域生活移行の問題など,十分に反映されない面も残した.

☞17　**障害者の日常生活及び社会生活を総合的に支援するための法律(障害**

者総合支援法）：2010年4月，障がい者制度改革推進会議のもとに障害者自立支援法を廃止し新たな法制度をつくるための総合福祉部会が設置され，構成員55人（障害のある人や家族，国内の主要な障害団体代表，福祉・医療関係の多彩な学識経験者，地方自治体代表など）という大所帯で検討が行われた．構成員が多彩であるため合意には困難もあったが，2011年8月に「障害者総合福祉法の骨格に関する総合福祉部会の提言──新法の制定を目指して」を55人の総意としてまとめた．しかし結局，障害者総合福祉法の制定はならず，障害者自立支援法の一部改正として，障害者総合支援法が成立した．骨格提言とは遠く及ばない内容であり，骨格提言の主要部分は，障害者総合支援法附則に「施行後3年以内で検討」とし，先送りされた．

☞18　障害を理由とする差別の解消の推進に関する法律（障害者差別解消法）：2010年11月から，障がい者制度改革推進会議のもとに，差別禁止部会が開催され，障害を理由とした差別の禁止に関する法律の必要性，差別の定義等重要な事項について議論を重ねた．その後，障がい者制度改革推進会議が障害者政策委員会へ発展解消したことを受け，障害者政策委員会のもとに設置され，「障害を理由とする差別の禁止に関する法制」についての差別禁止部会の意見をまとめた．そして，2013年6月「障害を理由とする差別の解消の推進に関する法律」として成立した．法律名称，差別の定義が明示されていないこと，合理的配慮の提供が事業者の努力義務にとどまっていること，紛争解決の仕組みなど，差別禁止部会の意見書の水準から乖離した内容となった．施行は2016年4月．

☞19　世界人権宣言：1948年12月10日の第3回国際連合総会で決議された，すべての人民と国が達成すべき基本的人権についての宣言であり，前文及び13条からなる．条約ではなく総会決議であるため法的拘束力がないとの議論もあるが，実質的にはその後の国際連合による人権に関する条約等の基礎となっており，人権についての最も基礎的な文書と考えられている．

　この宣言が決議された12月10日は「世界人権デー」として，世界の国々と地域で記念行事が開催されることになっており，この日を含む直前の1週間は「人権週間」に位置づけられている．

☞20　知的障害者の権利宣言：1971年の第26回国際連合総会で採択された宣

言で，前文及び7つの項目からなる．障害のある人の権利に関する国際連合の最初の決議であると同時に，ノーマライゼーションの理念を国際社会で初めて宣言した文書でもある．

　ノーマライゼーションの理念は，デンマークの社会省担当官だったバンク・ミケルセンによって提唱された．1950年代のデンマークで，知的障害児者が劣悪な環境の巨大施設に収容されていたことに心を痛めた彼は，「1959年法」の成立に尽力し，ノーマライゼーションの理念を世界で初めて法文に盛り込んだ．その後，北欧から発信されたこの理念は世界に広がり，知的障害者の権利宣言にも引き継がれることとなった．

☞**21　障害者の権利宣言**：国際連合が1975年12月9日の第30回総会で決議した宣言で，前文及び13の項目からなる．障害のある人の基本的権利の保障を加盟各国に求めたもので，障害の種別や程度にかかわらず，すべての障害のある人を対象としたこと，障害のある人の定義を示したこと等の点で画期的であった．なお，日本では障害者基本法においてこの宣言が採択された12月9日を「障害者の日」と定め，障害のある人についての啓発活動を広く呼びかけた．2004年6月の障害者基本法改正により，「障害者週間」(12月3日～9日)へと変わった．

☞**22　国際障害者年／国連・障害者の十年**：国際連合は，1971年の知的障害者（精神薄弱者）の権利宣言，1975年の障害者の権利宣言の採択に次ぎ，1981年を「完全参加と平等」をテーマとする国際障害者年とすることを宣言した．単なる理念としてではなく，社会において実現していくという意図で決議された．1980年の「国際障害者年行動計画」では，「ある社会がその構成員のいくらかの人々を閉め出すような場合，それは弱くもろい社会である」と謳っている．1982年には「障害者に関する世界行動計画」を採択し，1983年～1992年を「国連・障害者の十年」とし，各国が計画的な課題解決に取り組むことになった．

　JDは，この国際障害者年を日本でも成功させるべく関係団体が大同団結した「国際障害者年日本推進協議会」として発足している．

☞**23　アジア太平洋障害者の十年**：「国連・障害者の十年」に続く取り組みとして，アジア太平洋地域における障害者への認識を高め，域内の障害者施策の

質の向上をめざすために，国際連合の地域委員会の1つである国連アジア太平洋経済社会委員会（ESCAP）において，「アジア太平洋障害者の十年」が採択された．その後，10年の最終年となる2002年5月のESCAP総会において，日本の提案でさらに10年延長され，同年10月に滋賀県大津市で開催された最終年ハイレベル政府間会合において，次期10年（2003年〜2012年）の地域行動計画「びわこミレニアム・フレームワーク」が採択された．

2012年は延長された10年の最終年にあたり，同年5月にはESCAP総会でさらに10年延長された．同年11月に最終評価のためのハイレベル政府間会合が韓国のインチョンで開催され，「びわこミレニアム・フレームワーク」に代わる次の10年の行動計画として「インチョン戦略」が採択された．また，ESCAPは本書の著者の藤井克徳氏に「チャンピオン賞」（障害者の人権擁護を推進している人という意味）を贈った（受賞者はアジア太平洋地域から10人）．

☞24　**障害者の機会均等化に関する基準規則**：国際連合が1993年の第48回総会で決議した規則で，1982年に決議された「障害者に関する世界行動計画」が目標とする障害者の「完全参加と平等」の実現に，「国連・障害者の十年」以降も引き続き取り組むために採択されたもの．社会の仕組みや環境を障害のある人が利用できるようにするため，以下に示す22の分野で，障害者施策において実施すべき標準的な指針を示している．障害者権利条約の礎のひとつとなったものである．

①　平等な参加への前提条件：（規則1）意識向上，（規則2）医療，（規則3）リハビリテーション，（規則4）支援サービス

②　平等な参加への目標分野：（規則5）アクセシビリティ，（規則6）教育，（規則7）就労，（規則8）所得保障と社会保障，（規則9）家庭生活と人間としての尊厳，（規則10）文化，（規則11）レクリエーションとスポーツ，（規則12）宗教

③　実施方策：（規則13）情報と研究，（規則14）政策形成と計画立案，（規則15）立法，（規則16）経済政策，（規則17）業務の調整，（規則18）障害を持つ人の組織，（規則19）職員研修，（規則20）基準規則の実施における障害プログラムの国家的モニタリングと評価，（規則21）技術・経済協力，（規則22）国際協力

☞**25　(障害の) 医学モデル**：心身の機能・構造上の機能障害 (Impairments) を障害ととらえ、障害ゆえの生活上の困難の原因は機能障害にあるとする考え方。これによると、障害のある人の暮らしにくさの原因は本人の内側にあることになり、社会参加をするためには本人が内なる障害を克服することが必要ということになる。日本の法律上の障害の定義や障害認定においては、長くこの立場をとってきた。ただし、後述する社会モデルですべてが解決するかとなると、そう単純ではない。社会モデルの視点とあわせて、機能障害の改善を軽視してはならない。

☞**26　(障害の) 社会モデル**：医学モデルへの批判に基づき、障害は機能障害 (Impairments) と周囲のさまざまな障壁 (バリア) との相互作用によって生じるとする考え方。これによると、障害のある人の暮らしにくさの原因は本人を取り巻く環境にあることになり、機能障害はあっても社会の環境を整えることで、障害のある人の社会参加は飛躍的に前進することになる。権利条約が示したモデルで、日本でも2011年の障害者基本法改正において、初めて障害の定義にこの考え方が盛り込まれた。

☞**27　全国社会就労センター協議会 (セルプ協)**：1977年に、全国の障害者の働く施設 (旧法・授産施設) 関係者が大同団結して結成された組織で、事務局は社会福祉法人全国社会福祉協議会。全国の約1,700施設・事業所が加盟しており、全国7つのブロックと47都道府県中46か所に地方組織が設置されている。これらのネットワークを軸に、厚生労働省や国会等への社会就労センター関係制度の充実や制度改善・予算に関する要望活動、委員会活動、各種大会・研修会の実施や調査活動を行っている。

☞**28　きょうされん**：1977年、障害のある人たちのニーズをもとに、16か所の共同作業所によって結成された。全国の1,800か所を超す就労系事業所やグループホーム、障害者支援施設、生活支援センター等が加盟している。
　かつて、小規模作業所は全国に広がり、最大時の2004年度には6,000か所にのぼったが、障害者自立支援法により、ほとんどの小規模作業所は地域活動支援センターや就労継続支援B型事業所等に移行し、数の上では小規模作業所は姿を消しつつある。しかし、主要な移行先である地域活動支援センターの運営実態は小規模作業所時代とほとんど変わらず、「法内事業の法外化」ともいうべ

き事態が進行している.

　きょうされんは，政策提言や関係団体との連携等を通じて障害者施策の拡充に力を尽くしてきたが，小規模作業所が数の上では姿を消しつつあるという現状を踏まえて，新たな視点を示しつつ，引き続き，障害のある成人期の人の地域生活を支える実践の深化と事業の民主的な経営，そして，障害者施策を拡充させるための運動に取り組んでいる.

☞**29　扶養義務制度**：直系血族及び兄弟姉妹は互いに扶養する義務があるとされ，自立した生活を維持することが困難な者の生活維持に必要な支援・援助をする親族間の義務が，民法第877条に定められている．民法上の扶養義務は，配偶者間，直系血族（親子，祖父母，孫）間，兄弟姉妹間に課せられており，3親等内の親族間でも扶養義務を負うことがある．成人期の障害のある人たちの親世帯への同居率は高く，経済的負担も日常生活上の介護負担も家族に課せられている．家族依存の支援を社会が支える支援に転換するためにも，民法第877条の改正が必要である．

☞**30　保護者規定**：1900年の精神病者監護法により，親族は精神障害のある人の監護義務者とされ，私宅監置の責任を負わされた．その後，1950年に精神衛生法となった際にも，家族の義務は継続していた．1993年の精神保健福祉法改正時に「保護者」となり，1999年の精神保健福祉法改正時に保護者制度の義務規定が見直されたが，治療を受けさせる義務などは残っており，同法33条には，医療保護入院（本人の意思によらない強制入院）の際には保護者の同意が必要とされた．

　2013年の精神保健福祉法改正時には，保護者制度は廃止されたが，医療保護入院の際の「家族等の同意」は残った．

☞**31　難病**：1972年にスモンの多発が社会問題化し，厚生省はスモンの研究体制を整備し，1972年に難病対策要綱を定めた．難病対策の疾病の範囲を，「原因不明，治療法未確立，後遺症が残りやすい，経過が慢性にわたり，経済的にも介護の面でも家族の負担が重く，精神的にも負担の大きい疾病」と定義した．難病対策は，調査研究の推進，医療機関の整備，医療費の自己負担解消を三本柱とした．

　難病対策の法制化については長年の課題であったが，「難病の患者に対する医

療等に関する法律案」が現在（2014年）国会審議中である．また，難病等の慢性疾患のある人の場合に，医療的ケアとともに生活を支える福祉的な支援が必要なことが多いが，難病等で症状が変動する場合に，障害と認定されず福祉的な支援から除外されることが多かった．障害福祉サービスの利用については，2013年4月に施行された障害者総合支援法の対象に難病等が加わった．対象となる疾患は130疾患と定められており，難病の範囲など課題が残っている．

☞32　**障害者手帳制度**：身体障害者手帳，療育手帳（知的障害者が対象），精神障害者保健福祉手帳といった，障害のある人に発行される手帳制度．自治体の福祉事務所が手続の窓口となる．手帳を提示することで公的機関や公共交通機関などで料金の割引等を受けられるが，障害の種別や等級，自治体によって受けられるサービスに差がある．手帳交付にあたっての審査は医学モデルの考え方による．

☞33　**欠格条項**：絶対的欠格と相対的欠格の2種類がある．絶対的欠格とは「○○には免許を与えない」「取り消す」のように断定する条文で，2001年の改正で，医師法，薬剤師法，道路交通法などは相対的欠格に変わった．相対的欠格とは「免許を与えないことがある」「取り消すことがある」などの条文で，場合によって資格の与奪を決めるという含みがある．

　2002年末までに見直された欠格条項のうち，一部のものは全廃されたが，今でも多くの制限が続いている．

☞34　**社会的入院・社会的入所**：日本の精神科医療は，隔離収容施策を長年続けてきた．そのため，入院治療の必要性がなくなっても，地域に戻る家や家族がなく，必要な住まいや人的支援の不足により，治療目的ではなく入院を継続していることを社会的入院という．社会的入所とは，知的障害や重複した障害のある人が，地域での支援が不足しているために，長期にわたる施設入所を余儀なくされていること．

☞35　**就労継続支援B型事業**：障害者総合支援法に位置づく就労事業であるが，働く場でありながら雇用契約は結ばれず，訓練生としての位置づけである．工賃の低い事業所が多く，全国のB型事業所等の平均工賃は1か月約14,000円

程度であり，働いても生計を立てることが困難な状況である．

☞36 **社会支援雇用**：就労によって生計の維持ができる所得を希望するが，障害があるためにさまざまな困難がある場合に，人的支援や公的な支援による所得保障など，必要な社会的支援を提供することにより，障害のない人と同等の，人間としての尊厳にふさわしい働く権利を保障することを目的とした社会制度．日本ではまだ実現していない．

☞37 **対角線モデル**：現在，障害の軽い人はハローワークを通じて一般就労につながり，障害の重い人は市町村の障害担当窓口を通じて就労支援事業所等の福祉的就労につながるのが一般的だが，後者は制度上，労働ではなく福祉サービス利用と位置づけられており，そこで働く人は労働者とは見なされない．また，一般就労をすると福祉施策を利用しにくいなどの弊害もある．

　藤井は，こうした二分された障害者就労支援施策の現状を図1のようにイメージ化し，「二元モデル」として批判した上で，あるべき施策のあり方を図2の「対角線モデル」という形で提案している（職業リハビリテーション誌，第22巻1号，2007）．すなわち，障害の軽重については，機能障害ではなく働く上で障害がどの程度影響するかに着目した上で，障害の影響が少ない場合は雇用施策の割合が大きく福祉施策の必要度は小さいが，影響が大きくなるにつれてその割合は逆転していくというもの．いずれにしても，雇用施策と福祉施策が分断されている現状を正し，必要な支援を組み合わせることができるような施策を提案している．

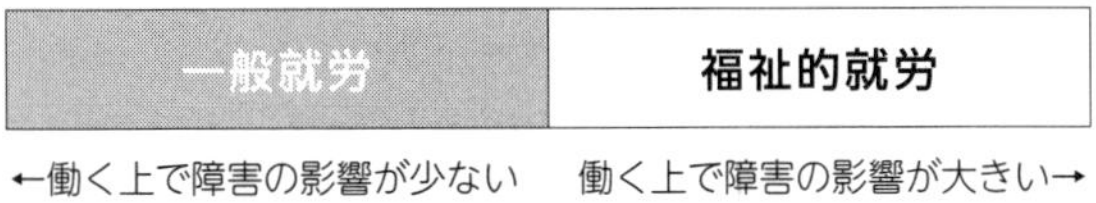

| 一般就労 | 福祉的就労 |

←働く上で障害の影響が少ない　働く上で障害の影響が大きい→

図1　二元モデル

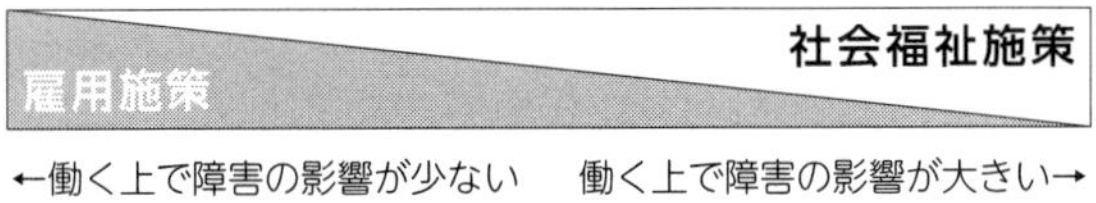

| 雇用施策 | 社会福祉施策 |

←働く上で障害の影響が少ない　働く上で障害の影響が大きい→

図2　対角線モデル

☞**38 手話言語法**：手話は言葉による言語を置き換えたものと考えられがちだが，本当は独自の文法を備えており，日本語等とは異なる1つの言語である．全日本ろうあ連盟等は，ろう者の社会的地位向上のため長年にわたってこのことを主張しており，2011年の障害者基本法改正において，初めて手話が言語であることが法律に明記された．しかし，ろう学校での教育への手話の導入や多様な場面での手話による情報保障，手話についての正しい知識の啓発等について具体化を定めた法律はまだないため，ろう者が社会生活及び日常生活において自由にコミュニケーションをとれる環境はまだ整っていない．

　手話言語法は以上のような現状を踏まえ，手話がろう者にとって母語であることを示し，ろう者がろう者でない者と同等に社会参加できる環境を整備しようというもの．地方自治体では鳥取県，北海道石狩市，北海道新得町，三重県松阪市等で手話言語条例が制定されている．

☞**39 OECD（経済協力開発機構）**：ヨーロッパ諸国を中心に，日・米を含め34の先進国が加盟する国際機関．国際マクロ経済動向，貿易，開発援助といった分野に加え，最近では持続可能な開発，ガバナンスといった新たな分野についても，加盟国間の分析・検討を行っている．

資　料

資料 1

障害者の権利に関する条約

（日本政府公定訳）
2014年1月20日公布

前文

この条約の締約国は、

(a) 国際連合憲章において宣明された原則が、人類社会の全ての構成員の固有の尊厳及び価値並びに平等のかつ奪い得ない権利が世界における自由、正義及び平和の基礎を成すものであると認めていることを想起し、

(b) 国際連合が、世界人権宣言及び人権に関する国際規約において、全ての人はいかなる差別もなしに同宣言及びこれらの規約に掲げる全ての権利及び自由を享有することができることを宣明し、及び合意したことを認め、

(c) 全ての人権及び基本的自由が普遍的であり、不可分のものであり、相互に依存し、かつ、相互に関連を有すること並びに障害者が全ての人権及び基本的自由を差別なしに完全に享有することを保障することが必要であることを再確認し、

(d) 経済的、社会的及び文化的権利に関する国際規約、市民的及び政治

的権利に関する国際規約、あらゆる形態の人種差別の撤廃に関する国際条約、女子に対するあらゆる形態の差別の撤廃に関する条約、拷問及び他の残虐な、非人道的な又は品位を傷つける取扱い又は刑罰に関する条約、児童の権利に関する条約及び全ての移住労働者及びその家族の構成員の権利の保護に関する国際条約を想起し、

(e) 障害が発展する概念であることを認め、また、障害が、機能障害を有する者とこれらの者に対する態度及び環境による障壁との間の相互作用であって、これらの者が他の者との平等を基礎として社会に完全かつ効果的に参加することを妨げるものによって生ずることを認め、

(f) 障害者に関する世界行動計画及び障害者の機会均等化に関する標準規則に定める原則及び政策上の指針が、障害者の機会均等を更に促進するための国内的、地域的及び国際的な政策、計画及び行動の促進、作成及び評価に影響を及ぼす上で重要であることを認め、

(g) 持続可能な開発に関連する戦略の不可分の一部として障害に関する問題を主流に組み入れることが重要であることを強調し、

(h) また、いかなる者に対する障害に基づく差別も、人間の固有の尊厳及び価値を侵害するものであることを認め、

(i) さらに、障害者の多様性を認め、

(j) 全ての障害者（より多くの支援を必要とする障害者を含む。）の人権を促進し、及び保護することが必要であることを認め、

(k) これらの種々の文書及び約束にもかかわらず、障害者が、世界の全

ての地域において、社会の平等な構成員としての参加を妨げる障壁及び人権侵害に依然として直面していることを憂慮し、

(l) あらゆる国（特に開発途上国）における障害者の生活条件を改善するための国際協力が重要であることを認め、

(m) 障害者が地域社会における全般的な福祉及び多様性に対して既に貴重な貢献をしており、又は貴重な貢献をし得ることを認め、また、障害者による人権及び基本的自由の完全な享有並びに完全な参加を促進することにより、その帰属意識が高められること並びに社会の人的、社会的及び経済的開発並びに貧困の撲滅に大きな前進がもたらされることを認め、

(n) 障害者にとって、個人の自律及び自立（自ら選択する自由を含む。）が重要であることを認め、

(o) 障害者が、政策及び計画（障害者に直接関連する政策及び計画を含む。）に係る意思決定の過程に積極的に関与する機会を有すべきであることを考慮し、

(p) 人種、皮膚の色、性、言語、宗教、政治的意見その他の意見、国民的な、種族的な、先住民族としての若しくは社会的な出身、財産、出生、年齢又は他の地位に基づく複合的又は加重的な形態の差別を受けている障害者が直面する困難な状況を憂慮し、

(q) 障害のある女子が、家庭の内外で暴力、傷害若しくは虐待、放置若しくは怠慢な取扱い、不当な取扱い又は搾取を受ける一層大きな危険にしばしばさらされていることを認め、

(r) 障害のある児童が、他の児童との平等を基礎として全ての人権及び基本的自由を完全に享有すべきであることを認め、また、このため、児童の権利に関する条約の締約国が負う義務を想起し、

(s) 障害者による人権及び基本的自由の完全な享有を促進するためのあらゆる努力に性別の視点を組み込む必要があることを強調し、

(t) 障害者の大多数が貧困の状況下で生活している事実を強調し、また、この点に関し、貧困が障害者に及ぼす悪影響に対処することが真に必要であることを認め、

(u) 国際連合憲章に定める目的及び原則の十分な尊重並びに人権に関する適用可能な文書の遵守に基づく平和で安全な状況が、特に武力紛争及び外国による占領の期間中における障害者の十分な保護に不可欠であることに留意し、

(v) 障害者が全ての人権及び基本的自由を完全に享有することを可能とするに当たっては、物理的、社会的、経済的及び文化的な環境並びに健康及び教育を享受しやすいようにし、並びに情報及び通信を利用しやすいようにすることが重要であることを認め、

(w) 個人が、他人に対し及びその属する地域社会に対して義務を負うこと並びに国際人権章典において認められる権利の増進及び擁護のために努力する責任を有することを認識し、

(x) 家族が、社会の自然かつ基礎的な単位であること並びに社会及び国家による保護を受ける権利を有することを確信し、また、障害者及びその家族の構成員が、障害者の権利の完全かつ平等な享有に向けて家

族が貢献することを可能とするために必要な保護及び支援を受けるべきであることを確信し、

(y) 障害者の権利及び尊厳を促進し、及び保護するための包括的かつ総合的な国際条約が、開発途上国及び先進国において、障害者の社会的に著しく不利な立場を是正することに重要な貢献を行うこと並びに障害者が市民的、政治的、経済的、社会的及び文化的分野に均等な機会により参加することを促進することを確信して、

次のとおり協定した。

第一条　目的

この条約は、全ての障害者によるあらゆる人権及び基本的自由の完全かつ平等な享有を促進し、保護し、及び確保すること並びに障害者の固有の尊厳の尊重を促進することを目的とする。

障害者には、長期的な身体的、精神的、知的又は感覚的な機能障害であって、様々な障壁との相互作用により他の者との平等を基礎として社会に完全かつ効果的に参加することを妨げ得るものを有する者を含む。

第二条　定義

この条約の適用上、

「意思疎通」とは、言語、文字の表示、点字、触覚を使った意思疎通、拡大文字、利用しやすいマルチメディア並びに筆記、音声、平易な言葉、朗読その他の補助的及び代替的な意思疎通の形態、手段及び様式（利用しやすい情報通信機器を含む。）をいう。

「言語」とは、音声言語及び手話その他の形態の非音声言語をいう。

「障害に基づく差別」とは、障害に基づくあらゆる区別、排除又は制限であって、政治的、経済的、社会的、文化的、市民的その他のあらゆる分野において、他の者との平等を基礎として全ての人権及び基本的自由を認識し、享有し、又は行使することを害し、又は妨げる目的又は効果を有するものをいう。障害に基づく差別には、あらゆる形態の差別（合理的配慮の否定を含む。）を含む。

「合理的配慮」とは、障害者が他の者との平等を基礎として全ての人権及び基本的自由を享有し、又は行使することを確保するための必要かつ適当な変更及び調整であって、特定の場合において必要とされるものであり、かつ、均衡を失した又は過度の負担を課さないものをいう。

「ユニバーサルデザイン」とは、調整又は特別な設計を必要とすることなく、最大限可能な範囲で全ての人が使用することのできる製品、環境、計画及びサービスの設計をいう。ユニバーサルデザインは、特定の障害者の集団のための補装具が必要な場合には、これを排除するものではない。

第三条　一般原則

この条約の原則は、次のとおりとする。

(a) 固有の尊厳、個人の自律（自ら選択する自由を含む。）及び個人の自立の尊重
(b) 無差別
(c) 社会への完全かつ効果的な参加及び包容
(d) 差異の尊重並びに人間の多様性の一部及び人類の一員としての障害者の受入れ
(e) 機会の均等
(f) 施設及びサービス等の利用の容易さ

(g) 男女の平等
(h) 障害のある児童の発達しつつある能力の尊重及び障害のある児童がその同一性を保持する権利の尊重

第四条　一般的義務

1　締約国は、障害に基づくいかなる差別もなしに、全ての障害者のあらゆる人権及び基本的自由を完全に実現することを確保し、及び促進することを約束する。このため、締約国は、次のことを約束する。

(a) この条約において認められる権利の実現のため、全ての適当な立法措置、行政措置その他の措置をとること。
(b) 障害者に対する差別となる既存の法律、規則、慣習及び慣行を修正し、又は廃止するための全ての適当な措置（立法を含む。）をとること。
(c) 全ての政策及び計画において障害者の人権の保護及び促進を考慮に入れること。
(d) この条約と両立しないいかなる行為又は慣行も差し控えること。また、公の当局及び機関がこの条約に従って行動することを確保すること。
(e) いかなる個人、団体又は民間企業による障害に基づく差別も撤廃するための全ての適当な措置をとること。
(f) 第二条に規定するユニバーサルデザインの製品、サービス、設備及び施設であって、障害者に特有のニーズを満たすために必要な調節が可能な限り最小限であり、かつ、当該ニーズを満たすために必要な費用が最小限であるべきものについての研究及び開発を実施し、又は促進すること。また、当該ユニバーサルデザインの製品、サービス、設備及び施設の利用可能性及び使用を促進すること。さらに、基準及び指針を作成するに当たっては、ユニバーサルデザインが当該基準及び指針に含まれることを促進すること。

(g) 障害者に適した新たな機器(情報通信機器、移動補助具、補装具及び支援機器を含む。)についての研究及び開発を実施し、又は促進し、並びに当該新たな機器の利用可能性及び使用を促進すること。この場合において、締約国は、負担しやすい費用の機器を優先させる。
(h) 移動補助具、補装具及び支援機器(新たな機器を含む。)並びに他の形態の援助、支援サービス及び施設に関する情報であって、障害者にとって利用しやすいものを提供すること。
(i) この条約において認められる権利によって保障される支援及びサービスをより良く提供するため、障害者と共に行動する専門家及び職員に対する当該権利に関する研修を促進すること。

2 各締約国は、経済的、社会的及び文化的権利に関しては、これらの権利の完全な実現を漸進的に達成するため、自国における利用可能な手段を最大限に用いることにより、また、必要な場合には国際協力の枠内で、措置をとることを約束する。ただし、この条約に定める義務であって、国際法に従って直ちに適用されるものに影響を及ぼすものではない。

3 締約国は、この条約を実施するための法令及び政策の作成及び実施において、並びに障害者に関する問題についての他の意思決定過程において、障害者(障害のある児童を含む。以下この3において同じ。)を代表する団体を通じ、障害者と緊密に協議し、及び障害者を積極的に関与させる。

4 この条約のいかなる規定も、締約国の法律又は締約国について効力を有する国際法に含まれる規定であって障害者の権利の実現に一層貢献するものに影響を及ぼすものではない。この条約のいずれかの締約国において法律、条約、規則又は慣習によって認められ、又は存する

人権及び基本的自由については、この条約がそれらの権利若しくは自由を認めていないこと又はその認める範囲がより狭いことを理由として、それらの権利及び自由を制限し、又は侵してはならない。

5　この条約は、いかなる制限又は例外もなしに、連邦国家の全ての地域について適用する。

第五条　平等及び無差別

1　締約国は、全ての者が、法律の前に又は法律に基づいて平等であり、並びにいかなる差別もなしに法律による平等の保護及び利益を受ける権利を有することを認める。

2　締約国は、障害に基づくあらゆる差別を禁止するものとし、いかなる理由による差別に対しても平等かつ効果的な法的保護を障害者に保障する。

3　締約国は、平等を促進し、及び差別を撤廃することを目的として、合理的配慮が提供されることを確保するための全ての適当な措置をとる。

4　障害者の事実上の平等を促進し、又は達成するために必要な特別の措置は、この条約に規定する差別と解してはならない。

第六条　障害のある女子

1　締約国は、障害のある女子が複合的な差別を受けていることを認識するものとし、この点に関し、障害のある女子が全ての人権及び基本的

自由を完全かつ平等に享有することを確保するための措置をとる。

2　締約国は、女子に対してこの条約に定める人権及び基本的自由を行使し、及び享有することを保障することを目的として、女子の完全な能力開発、向上及び自律的な力の育成を確保するための全ての適当な措置をとる。

第七条　障害のある児童

1　締約国は、障害のある児童が他の児童との平等を基礎として全ての人権及び基本的自由を完全に享有することを確保するための全ての必要な措置をとる。

2　障害のある児童に関する全ての措置をとるに当たっては、児童の最善の利益が主として考慮されるものとする。

3　締約国は、障害のある児童が、自己に影響を及ぼす全ての事項について自由に自己の意見を表明する権利並びにこの権利を実現するための障害及び年齢に適した支援を提供される権利を有することを確保する。この場合において、障害のある児童の意見は、他の児童との平等を基礎として、その児童の年齢及び成熟度に従って相応に考慮されるものとする。

第八条　意識の向上

1　締約国は、次のことのための即時の、効果的なかつ適当な措置をとることを約束する。

(a) 障害者に関する社会全体（各家庭を含む。）の意識を向上させ、並びに障害者の権利及び尊厳に対する尊重を育成すること。
(b) あらゆる活動分野における障害者に関する定型化された観念、偏見及び有害な慣行（性及び年齢に基づくものを含む。）と戦うこと。
(c) 障害者の能力及び貢献に関する意識を向上させること。

2 このため、1の措置には、次のことを含む。

(a) 次のことのための効果的な公衆の意識の啓発活動を開始し、及び維持すること。
　(i) 障害者の権利に対する理解を育てること。
　(ii) 障害者に対する肯定的認識及び一層の社会の啓発を促進すること。
　(iii) 障害者の技能、長所及び能力並びに職場及び労働市場に対する障害者の貢献についての認識を促進すること。
(b) 教育制度の全ての段階（幼年期からの全ての児童に対する教育制度を含む。）において、障害者の権利を尊重する態度を育成すること。
(c) 全ての報道機関が、この条約の目的に適合するように障害者を描写するよう奨励すること。
(d) 障害者及びその権利に関する啓発のための研修計画を促進すること。

第九条　施設及びサービス等の利用の容易さ

1 締約国は、障害者が自立して生活し、及び生活のあらゆる側面に完全に参加することを可能にすることを目的として、障害者が、他の者との平等を基礎として、都市及び農村の双方において、物理的環境、輸送機関、情報通信（情報通信機器及び情報通信システムを含む。）並びに公衆に開放され、又は提供される他の施設及びサービスを利用

する機会を有することを確保するための適当な措置をとる。この措置は、施設及びサービス等の利用の容易さに対する妨げ及び障壁を特定し、及び撤廃することを含むものとし、特に次の事項について適用する。

(a) 建物、道路、輸送機関その他の屋内及び屋外の施設（学校、住居、医療施設及び職場を含む。）
(b) 情報、通信その他のサービス（電子サービス及び緊急事態に係るサービスを含む。）

2 締約国は、また、次のことのための適当な措置をとる。

(a) 公衆に開放され、又は提供される施設及びサービスの利用の容易さに関する最低基準及び指針を作成し、及び公表し、並びに当該最低基準及び指針の実施を監視すること。
(b) 公衆に開放され、又は提供される施設及びサービスを提供する民間の団体が、当該施設及びサービスの障害者にとっての利用の容易さについてあらゆる側面を考慮することを確保すること。
(c) 施設及びサービス等の利用の容易さに関して障害者が直面する問題についての研修を関係者に提供すること。
(d) 公衆に開放される建物その他の施設において、点字の表示及び読みやすく、かつ、理解しやすい形式の表示を提供すること。
(e) 公衆に開放される建物その他の施設の利用の容易さを促進するため、人又は動物による支援及び仲介する者（案内者、朗読者及び専門の手話通訳を含む。）を提供すること。
(f) 障害者が情報を利用する機会を有することを確保するため、障害者に対する他の適当な形態の援助及び支援を促進すること。
(g) 障害者が新たな情報通信機器及び情報通信システム（インターネッ

トを含む。）を利用する機会を有することを促進すること。
(h) 情報通信機器及び情報通信システムを最小限の費用で利用しやすいものとするため、早い段階で、利用しやすい情報通信機器及び情報通信システムの設計、開発、生産及び流通を促進すること。

第十条　生命に対する権利

締約国は、全ての人間が生命に対する固有の権利を有することを再確認するものとし、障害者が他の者との平等を基礎としてその権利を効果的に享有することを確保するための全ての必要な措置をとる。

第十一条　危険な状況及び人道上の緊急事態

締約国は、国際法（国際人道法及び国際人権法を含む。）に基づく自国の義務に従い、危険な状況（武力紛争、人道上の緊急事態及び自然災害の発生を含む。）において障害者の保護及び安全を確保するための全ての必要な措置をとる。

第十二条　法律の前にひとしく認められる権利

1　締約国は、障害者が全ての場所において法律の前に人として認められる権利を有することを再確認する。

2　締約国は、障害者が生活のあらゆる側面において他の者との平等を基礎として法的能力を享有することを認める。

3　締約国は、障害者がその法的能力の行使に当たって必要とする支援を利用する機会を提供するための適当な措置をとる。

4　締約国は、法的能力の行使に関連する全ての措置において、濫用を防止するための適当かつ効果的な保障を国際人権法に従って定めることを確保する。当該保障は、法的能力の行使に関連する措置が、障害者の権利、意思及び選好を尊重すること、利益相反を生じさせず、及び不当な影響を及ぼさないこと、障害者の状況に応じ、かつ、適合すること、可能な限り短い期間に適用されること並びに権限のある、独立の、かつ、公平な当局又は司法機関による定期的な審査の対象となることを確保するものとする。当該保障は、当該措置が障害者の権利及び利益に及ぼす影響の程度に応じたものとする。

5　締約国は、この条の規定に従うことを条件として、障害者が財産を所有し、又は相続し、自己の会計を管理し、及び銀行貸付け、抵当その他の形態の金融上の信用を利用する均等な機会を有することについての平等の権利を確保するための全ての適当かつ効果的な措置をとるものとし、障害者がその財産を恣意的に奪われないことを確保する。

第十三条　司法手続の利用の機会

1　締約国は、障害者が全ての法的手続（捜査段階その他予備的な段階を含む。）において直接及び間接の参加者（証人を含む。）として効果的な役割を果たすことを容易にするため、手続上の配慮及び年齢に適した配慮が提供されること等により、障害者が他の者との平等を基礎として司法手続を利用する効果的な機会を有することを確保する。

2　締約国は、障害者が司法手続を利用する効果的な機会を有することを確保することに役立てるため、司法に係る分野に携わる者（警察官及び刑務官を含む。）に対する適当な研修を促進する。

第十四条　身体の自由及び安全

1　締約国は、障害者に対し、他の者との平等を基礎として、次のことを確保する。

(a)　身体の自由及び安全についての権利を享有すること。
(b)　不法に又は恣意的に自由を奪われないこと、いかなる自由の剥奪も法律に従って行われること及びいかなる場合においても自由の剥奪が障害の存在によって正当化されないこと。

2　締約国は、障害者がいずれの手続を通じて自由を奪われた場合であっても、当該障害者が、他の者との平等を基礎として国際人権法による保障を受ける権利を有すること並びにこの条約の目的及び原則に従って取り扱われること（合理的配慮の提供によるものを含む。）を確保する。

第十五条　拷問又は残虐な、非人道的な若しくは品位を傷つける取扱い若しくは刑罰からの自由

1　いかなる者も、拷問又は残虐な、非人道的な若しくは品位を傷つける取扱い若しくは刑罰を受けない。特に、いかなる者も、その自由な同意なしに医学的又は科学的実験を受けない。

2　締約国は、障害者が、他の者との平等を基礎として、拷問又は残虐な、非人道的な若しくは品位を傷つける取扱い若しくは刑罰を受けることがないようにするため、全ての効果的な立法上、行政上、司法上その他の措置をとる。

第十六条　搾取、暴力及び虐待からの自由

1　締約国は、家庭の内外におけるあらゆる形態の搾取、暴力及び虐待（性別に基づくものを含む。）から障害者を保護するための全ての適当な立法上、行政上、社会上、教育上その他の措置をとる。

2　また、締約国は、特に、障害者並びにその家族及び介護者に対する適当な形態の性別及び年齢に配慮した援助及び支援（搾取、暴力及び虐待の事案を防止し、認識し、及び報告する方法に関する情報及び教育を提供することによるものを含む。）を確保することにより、あらゆる形態の搾取、暴力及び虐待を防止するための全ての適当な措置をとる。締約国は、保護事業が年齢、性別及び障害に配慮したものであることを確保する。

3　締約国は、あらゆる形態の搾取、暴力及び虐待の発生を防止するため、障害者に役立つことを意図した全ての施設及び計画が独立した当局により効果的に監視されることを確保する。

4　締約国は、あらゆる形態の搾取、暴力又は虐待の被害者となる障害者の身体的、認知的及び心理的な回復、リハビリテーション並びに社会復帰を促進するための全ての適当な措置（保護事業の提供によるものを含む。）をとる。このような回復及び復帰は、障害者の健康、福祉、自尊心、尊厳及び自律を育成する環境において行われるものとし、性別及び年齢に応じたニーズを考慮に入れる。

5　締約国は、障害者に対する搾取、暴力及び虐待の事案が特定され、捜査され、及び適当な場合には訴追されることを確保するための効果

的な法令及び政策(女子及び児童に重点を置いた法令及び政策を含む。)を策定する。

第十七条　個人をそのままの状態で保護すること

全ての障害者は、他の者との平等を基礎として、その心身がそのままの状態で尊重される権利を有する。

第十八条　移動の自由及び国籍についての権利

1　締約国は、障害者に対して次のことを確保すること等により、障害者が他の者との平等を基礎として移動の自由、居住の自由及び国籍についての権利を有することを認める。

(a)　国籍を取得し、及び変更する権利を有すること並びにその国籍を恣意的に又は障害に基づいて奪われないこと。
(b)　国籍に係る文書若しくは身元に係る他の文書を入手し、所有し、及び利用すること又は移動の自由についての権利の行使を容易にするために必要とされる関連手続(例えば、出入国の手続)を利用することを、障害に基づいて奪われないこと。
(c)　いずれの国(自国を含む。)からも自由に離れることができること。
(d)　自国に戻る権利を恣意的に又は障害に基づいて奪われないこと。

2　障害のある児童は、出生の後直ちに登録される。障害のある児童は、出生の時から氏名を有する権利及び国籍を取得する権利を有するものとし、また、できる限りその父母を知り、かつ、その父母によって養育される権利を有する。

第十九条　自立した生活及び地域社会への包容

　この条約の締約国は、全ての障害者が他の者と平等の選択の機会をもって地域社会で生活する平等の権利を有することを認めるものとし、障害者が、この権利を完全に享受し、並びに地域社会に完全に包容され、及び参加することを容易にするための効果的かつ適当な措置をとる。この措置には、次のことを確保することによるものを含む。

(a)　障害者が、他の者との平等を基礎として、居住地を選択し、及びどこで誰と生活するかを選択する機会を有すること並びに特定の生活施設で生活する義務を負わないこと。
(b)　地域社会における生活及び地域社会への包容を支援し、並びに地域社会からの孤立及び隔離を防止するために必要な在宅サービス、居住サービスその他の地域社会支援サービス（個別の支援を含む。）を障害者が利用する機会を有すること。
(c)　一般住民向けの地域社会サービス及び施設が、障害者にとって他の者との平等を基礎として利用可能であり、かつ、障害者のニーズに対応していること。

第二十条　個人の移動を容易にすること

　締約国は、障害者自身ができる限り自立して移動することを容易にすることを確保するための効果的な措置をとる。この措置には、次のことによるものを含む。

(a)　障害者自身が、自ら選択する方法で、自ら選択する時に、かつ、負担しやすい費用で移動することを容易にすること。

(b) 障害者が質の高い移動補助具、補装具、支援機器、人又は動物による支援及び仲介する者を利用する機会を得やすくすること（これらを負担しやすい費用で利用可能なものとすることを含む。）。
(c) 障害者及び障害者と共に行動する専門職員に対し、移動のための技能に関する研修を提供すること。
(d) 移動補助具、補装具及び支援機器を生産する事業体に対し、障害者の移動のあらゆる側面を考慮するよう奨励すること。

第二十一条　表現及び意見の自由並びに情報の利用の機会

　締約国は、障害者が、第二条に定めるあらゆる形態の意思疎通であって自ら選択するものにより、表現及び意見の自由（他の者との平等を基礎として情報及び考えを求め、受け、及び伝える自由を含む。）についての権利を行使することができることを確保するための全ての適当な措置をとる。この措置には、次のことによるものを含む。

(a) 障害者に対し、様々な種類の障害に相応した利用しやすい様式及び機器により、適時に、かつ、追加の費用を伴わず、一般公衆向けの情報を提供すること。
(b) 公的な活動において、手話、点字、補助的及び代替的な意思疎通並びに障害者が自ら選択する他の全ての利用しやすい意思疎通の手段、形態及び様式を用いることを受け入れ、及び容易にすること。
(c) 一般公衆に対してサービス（インターネットによるものを含む。）を提供する民間の団体が情報及びサービスを障害者にとって利用しやすい又は使用可能な様式で提供するよう要請すること。
(d) マスメディア（インターネットを通じて情報を提供する者を含む。）がそのサービスを障害者にとって利用しやすいものとするよう奨励すること。

(e) 手話の使用を認め、及び促進すること。

第二十二条　プライバシーの尊重

1　いかなる障害者も、居住地又は生活施設のいかんを問わず、そのプライバシー、家族、住居又は通信その他の形態の意思疎通に対して恣意的に又は不法に干渉されず、また、名誉及び信用を不法に攻撃されない。障害者は、このような干渉又は攻撃に対する法律の保護を受ける権利を有する。

2　締約国は、他の者との平等を基礎として、障害者の個人、健康及びリハビリテーションに関する情報に係るプライバシーを保護する。

第二十三条　家庭及び家族の尊重

1　締約国は、他の者との平等を基礎として、婚姻、家族、親子関係及び個人的な関係に係る全ての事項に関し、障害者に対する差別を撤廃するための効果的かつ適当な措置をとる。この措置は、次のことを確保することを目的とする。

(a) 婚姻をすることができる年齢の全ての障害者が、両当事者の自由かつ完全な合意に基づいて婚姻をし、かつ、家族を形成する権利を認められること。
(b) 障害者が子の数及び出産の間隔を自由にかつ責任をもって決定する権利を認められ、また、障害者が生殖及び家族計画について年齢に適した情報及び教育を享受する権利を認められること。さらに、障害者がこれらの権利を行使することを可能とするために必要な手段を提供されること。

(c) 障害者（児童を含む。）が、他の者との平等を基礎として生殖能力を保持すること。

2　締約国は、子の後見、養子縁組又はこれらに類する制度が国内法令に存在する場合には、それらの制度に係る障害者の権利及び責任を確保する。あらゆる場合において、子の最善の利益は至上である。締約国は、障害者が子の養育についての責任を遂行するに当たり、当該障害者に対して適当な援助を与える。

3　締約国は、障害のある児童が家庭生活について平等の権利を有することを確保する。締約国は、この権利を実現し、並びに障害のある児童の隠匿、遺棄、放置及び隔離を防止するため、障害のある児童及びその家族に対し、包括的な情報、サービス及び支援を早期に提供することを約束する。

4　締約国は、児童がその父母の意思に反してその父母から分離されないことを確保する。ただし、権限のある当局が司法の審査に従うことを条件として適用のある法律及び手続に従いその分離が児童の最善の利益のために必要であると決定する場合は、この限りでない。いかなる場合にも、児童は、自己の障害又は父母の一方若しくは双方の障害に基づいて父母から分離されない。

5　締約国は、近親の家族が障害のある児童を監護することができない場合には、一層広い範囲の家族の中で代替的な監護を提供し、及びこれが不可能なときは、地域社会の中で家庭的な環境により代替的な監護を提供するようあらゆる努力を払う。

第二十四条　教育

1　締約国は、教育についての障害者の権利を認める。締約国は、この権利を差別なしに、かつ、機会の均等を基礎として実現するため、障害者を包容するあらゆる段階の教育制度及び生涯学習を確保する。当該教育制度及び生涯学習は、次のことを目的とする。

(a)　人間の潜在能力並びに尊厳及び自己の価値についての意識を十分に発達させ、並びに人権、基本的自由及び人間の多様性の尊重を強化すること。
(b)　障害者が、その人格、才能及び創造力並びに精神的及び身体的な能力をその可能な最大限度まで発達させること。
(c)　障害者が自由な社会に効果的に参加することを可能とすること。

2　締約国は、1の権利の実現に当たり、次のことを確保する。

(a)　障害者が障害に基づいて一般的な教育制度から排除されないこと及び障害のある児童が障害に基づいて無償のかつ義務的な初等教育から又は中等教育から排除されないこと。
(b)　障害者が、他の者との平等を基礎として、自己の生活する地域社会において、障害者を包容し、質が高く、かつ、無償の初等教育を享受することができること及び中等教育を享受することができること。
(c)　個人に必要とされる合理的配慮が提供されること。
(d)　障害者が、その効果的な教育を容易にするために必要な支援を一般的な教育制度の下で受けること。
(e)　学問的及び社会的な発達を最大にする環境において、完全な包容という目標に合致する効果的で個別化された支援措置がとられること。

3　締約国は、障害者が教育に完全かつ平等に参加し、及び地域社会の構成員として完全かつ平等に参加することを容易にするため、障害者が生活する上での技能及び社会的な発達のための技能を習得することを可能とする。このため、締約国は、次のことを含む適当な措置をとる。

(a) 点字、代替的な文字、意思疎通の補助的及び代替的な形態、手段及び様式並びに定位及び移動のための技能の習得並びに障害者相互による支援及び助言を容易にすること。
(b) 手話の習得及び聾（ろう）社会の言語的な同一性の促進を容易にすること。
(c) 盲人、聾（ろう）者又は盲聾（ろう）者（特に盲人、聾（ろう）者又は盲聾（ろう）者である児童）の教育が、その個人にとって最も適当な言語並びに意思疎通の形態及び手段で、かつ、学問的及び社会的な発達を最大にする環境において行われることを確保すること。

4　締約国は、1の権利の実現の確保を助長することを目的として、手話又は点字について能力を有する教員（障害のある教員を含む。）を雇用し、並びに教育に従事する専門家及び職員（教育のいずれの段階において従事するかを問わない。）に対する研修を行うための適当な措置をとる。この研修には、障害についての意識の向上を組み入れ、また、適当な意思疎通の補助的及び代替的な形態、手段及び様式の使用並びに障害者を支援するための教育技法及び教材の使用を組み入れるものとする。

5　締約国は、障害者が、差別なしに、かつ、他の者との平等を基礎として、一般的な高等教育、職業訓練、成人教育及び生涯学習を享受することができることを確保する。このため、締約国は、合理的配慮が

障害者に提供されることを確保する。

第二十五条　健康

　締約国は、障害者が障害に基づく差別なしに到達可能な最高水準の健康を享受する権利を有することを認める。締約国は、障害者が性別に配慮した保健サービス（保健に関連するリハビリテーションを含む。）を利用する機会を有することを確保するための全ての適当な措置をとる。締約国は、特に、次のことを行う。

(a) 障害者に対して他の者に提供されるものと同一の範囲、質及び水準の無償の又は負担しやすい費用の保健及び保健計画（性及び生殖に係る健康並びに住民のための公衆衛生計画の分野のものを含む。）を提供すること。
(b) 障害者が特にその障害のために必要とする保健サービス（早期発見及び適当な場合には早期関与並びに特に児童及び高齢者の新たな障害を最小限にし、及び防止するためのサービスを含む。）を提供すること。
(c) これらの保健サービスを、障害者自身が属する地域社会（農村を含む。）の可能な限り近くにおいて提供すること。
(d) 保健に従事する者に対し、特に、研修を通じて及び公私の保健に関する倫理基準を広く知らせることによって障害者の人権、尊厳、自律及びニーズに関する意識を高めることにより、他の者と同一の質の医療（例えば、事情を知らされた上での自由な同意を基礎とした医療）を障害者に提供するよう要請すること。
(e) 健康保険及び国内法により認められている場合には生命保険の提供に当たり、公正かつ妥当な方法で行い、及び障害者に対する差別を禁止すること。

(f) 保健若しくは保健サービス又は食糧及び飲料の提供に関し、障害に基づく差別的な拒否を防止すること。

第二十六条　ハビリテーション（適応のための技能の習得）及びリハビリテーション

1　締約国は、障害者が、最大限の自立並びに十分な身体的、精神的、社会的及び職業的な能力を達成し、及び維持し、並びに生活のあらゆる側面への完全な包容及び参加を達成し、及び維持することを可能とするための効果的かつ適当な措置（障害者相互による支援を通じたものを含む。）をとる。このため、締約国は、特に、保健、雇用、教育及び社会に係るサービスの分野において、ハビリテーション及びリハビリテーションについての包括的なサービス及びプログラムを企画し、強化し、及び拡張する。この場合において、これらのサービス及びプログラムは、次のようなものとする。

(a) 可能な限り初期の段階において開始し、並びに個人のニーズ及び長所に関する学際的な評価を基礎とするものであること。
(b) 地域社会及び社会のあらゆる側面への参加及び包容を支援し、自発的なものであり、並びに障害者自身が属する地域社会（農村を含む。）の可能な限り近くにおいて利用可能なものであること。

2　締約国は、ハビリテーション及びリハビリテーションのサービスに従事する専門家及び職員に対する初期研修及び継続的な研修の充実を促進する。

3　締約国は、障害者のために設計された補装具及び支援機器であって、ハビリテーション及びリハビリテーションに関連するものの利用可能

性、知識及び使用を促進する。

第二十七条　労働及び雇用

1　締約国は、障害者が他の者との平等を基礎として労働についての権利を有することを認める。この権利には、障害者に対して開放され、障害者を包容し、及び障害者にとって利用しやすい労働市場及び労働環境において、障害者が自由に選択し、又は承諾する労働によって生計を立てる機会を有する権利を含む。締約国は、特に次のことのための適当な措置（立法によるものを含む。）をとることにより、労働についての障害者（雇用の過程で障害を有することとなった者を含む。）の権利が実現されることを保障し、及び促進する。

(a)　あらゆる形態の雇用に係る全ての事項（募集、採用及び雇用の条件、雇用の継続、昇進並びに安全かつ健康的な作業条件を含む。）に関し、障害に基づく差別を禁止すること。
(b)　他の者との平等を基礎として、公正かつ良好な労働条件（均等な機会及び同一価値の労働についての同一報酬を含む。）、安全かつ健康的な作業条件（嫌がらせからの保護を含む。）及び苦情に対する救済についての障害者の権利を保護すること。
(c)　障害者が他の者との平等を基礎として労働及び労働組合についての権利を行使することができることを確保すること。
(d)　障害者が技術及び職業の指導に関する一般的な計画、職業紹介サービス並びに職業訓練及び継続的な訓練を利用する効果的な機会を有することを可能とすること。
(e)　労働市場において障害者の雇用機会の増大を図り、及びその昇進を促進すること並びに職業を求め、これに就き、これを継続し、及びこれに復帰する際の支援を促進すること。

(f) 自営活動の機会、起業家精神、協同組合の発展及び自己の事業の開始を促進すること。
(g) 公的部門において障害者を雇用すること。
(h) 適当な政策及び措置（積極的差別是正措置、奨励措置その他の措置を含めることができる。）を通じて、民間部門における障害者の雇用を促進すること。
(i) 職場において合理的配慮が障害者に提供されることを確保すること。
(j) 開かれた労働市場において障害者が職業経験を得ることを促進すること。
(k) 障害者の職業リハビリテーション、職業の保持及び職場復帰計画を促進すること。

2　締約国は、障害者が、奴隷の状態又は隷属状態に置かれないこと及び他の者との平等を基礎として強制労働から保護されることを確保する。

第二十八条　相当な生活水準及び社会的な保障

1　締約国は、障害者が、自己及びその家族の相当な生活水準（相当な食糧、衣類及び住居を含む。）についての権利並びに生活条件の不断の改善についての権利を有することを認めるものとし、障害に基づく差別なしにこの権利を実現することを保障し、及び促進するための適当な措置をとる。

2　締約国は、社会的な保障についての障害者の権利及び障害に基づく差別なしにこの権利を享受することについての障害者の権利を認めるものとし、この権利の実現を保障し、及び促進するための適当な措置

をとる。この措置には、次のことを確保するための措置を含む。

(a) 障害者が清浄な水のサービスを利用する均等な機会を有し、及び障害者が障害に関連するニーズに係る適当なかつ費用の負担しやすいサービス、補装具その他の援助を利用する機会を有すること。
(b) 障害者（特に、障害のある女子及び高齢者）が社会的な保障及び貧困削減に関する計画を利用する機会を有すること。
(c) 貧困の状況において生活している障害者及びその家族が障害に関連する費用についての国の援助（適当な研修、カウンセリング、財政的援助及び介護者の休息のための一時的な介護を含む。）を利用する機会を有すること。
(d) 障害者が公営住宅計画を利用する機会を有すること。
(e) 障害者が退職に伴う給付及び計画を利用する均等な機会を有すること。

第二十九条　政治的及び公的活動への参加

締約国は、障害者に対して政治的権利を保障し、及び他の者との平等を基礎としてこの権利を享受する機会を保障するものとし、次のことを約束する。

(a) 特に次のことを行うことにより、障害者が、直接に、又は自由に選んだ代表者を通じて、他の者との平等を基礎として、政治的及び公的活動に効果的かつ完全に参加することができること（障害者が投票し、及び選挙される権利及び機会を含む。）を確保すること。
　　（ⅰ） 投票の手続、設備及び資料が適当な及び利用しやすいものであり、並びにその理解及び使用が容易であることを確保すること。

(ii) 障害者が、選挙及び国民投票において脅迫を受けることなく秘密投票によって投票し、選挙に立候補し、並びに政府のあらゆる段階において実質的に在職し、及びあらゆる公務を遂行する権利を保護すること。この場合において、適当なときは支援機器及び新たな機器の使用を容易にするものとする。
(iii) 選挙人としての障害者の意思の自由な表明を保障すること。このため、必要な場合には、障害者の要請に応じて、当該障害者により選択される者が投票の際に援助することを認めること。
(b) 障害者が、差別なしに、かつ、他の者との平等を基礎として、政治に効果的かつ完全に参加することができる環境を積極的に促進し、及び政治への障害者の参加を奨励すること。政治への参加には、次のことを含む。
(i) 国の公的及び政治的活動に関係のある非政府機関及び非政府団体に参加し、並びに政党の活動及び運営に参加すること。
(ii) 国際、国内、地域及び地方の各段階において障害者を代表するための障害者の組織を結成し、並びにこれに参加すること。

第三十条　文化的な生活、レクリエーション、余暇及びスポーツへの参加

1　締約国は、障害者が他の者との平等を基礎として文化的な生活に参加する権利を認めるものとし、次のことを確保するための全ての適当な措置をとる。

(a) 障害者が、利用しやすい様式を通じて、文化的な作品を享受する機会を有すること。
(b) 障害者が、利用しやすい様式を通じて、テレビジョン番組、映画、演劇その他の文化的な活動を享受する機会を有すること。

(c) 障害者が、文化的な公演又はサービスが行われる場所(例えば、劇場、博物館、映画館、図書館、観光サービス)を利用する機会を有し、並びに自国の文化的に重要な記念物及び場所を享受する機会をできる限り有すること。

2 締約国は、障害者が、自己の利益のためのみでなく、社会を豊かにするためにも、自己の創造的、芸術的及び知的な潜在能力を開発し、及び活用する機会を有することを可能とするための適当な措置をとる。

3 締約国は、国際法に従い、知的財産権を保護する法律が、障害者が文化的な作品を享受する機会を妨げる不当な又は差別的な障壁とならないことを確保するための全ての適当な措置をとる。

4 障害者は、他の者との平等を基礎として、その独自の文化的及び言語的な同一性(手話及び聾(ろう)文化を含む。)の承認及び支持を受ける権利を有する。

5 締約国は、障害者が他の者との平等を基礎としてレクリエーション、余暇及びスポーツの活動に参加することを可能とすることを目的として、次のことのための適当な措置をとる。

(a) 障害者があらゆる水準の一般のスポーツ活動に可能な限り参加することを奨励し、及び促進すること。
(b) 障害者が障害に応じたスポーツ及びレクリエーションの活動を組織し、及び発展させ、並びにこれらに参加する機会を有することを確保すること。このため、適当な指導、研修及び資源が他の者との平等を基礎として提供されるよう奨励すること。
(c) 障害者がスポーツ、レクリエーション及び観光の場所を利用する機

会を有することを確保すること。
(d) 障害のある児童が遊び、レクリエーション、余暇及びスポーツの活動（学校制度におけるこれらの活動を含む。）への参加について他の児童と均等な機会を有することを確保すること。
(e) 障害者がレクリエーション、観光、余暇及びスポーツの活動の企画に関与する者によるサービスを利用する機会を有することを確保すること。

第三十一条　統計及び資料の収集

1　締約国は、この条約を実効的なものとするための政策を立案し、及び実施することを可能とするための適当な情報（統計資料及び研究資料を含む。）を収集することを約束する。この情報を収集し、及び保持する過程においては、次のことを満たさなければならない。

(a) 障害者の秘密の保持及びプライバシーの尊重を確保するため、法令に定める保障措置（資料の保護に関する法令を含む。）を遵守すること。
(b) 人権及び基本的自由を保護するための国際的に受け入れられた規範並びに統計の収集及び利用に関する倫理上の原則を遵守すること。

2　この条の規定に従って収集された情報は、適宜分類されるものとし、この条約に基づく締約国の義務の履行の評価に役立てるために、並びに障害者がその権利を行使する際に直面する障壁を特定し、及び当該障壁に対処するために利用される。

3　締約国は、これらの統計の普及について責任を負うものとし、これらの統計が障害者及び他の者にとって利用しやすいことを確保する。

第三十二条　国際協力

1　締約国は、この条約の目的及び趣旨を実現するための自国の努力を支援するために国際協力及びその促進が重要であることを認識し、この点に関し、国家間において並びに適当な場合には関連のある国際的及び地域的機関並びに市民社会（特に障害者の組織）と連携して、適当かつ効果的な措置をとる。これらの措置には、特に次のことを含むことができる。

(a)　国際協力（国際的な開発計画を含む。）が、障害者を包容し、かつ、障害者にとって利用しやすいものであることを確保すること。
(b)　能力の開発（情報、経験、研修計画及び最良の実例の交換及び共有を通じたものを含む。）を容易にし、及び支援すること。
(c)　研究における協力を容易にし、並びに科学及び技術に関する知識を利用する機会を得やすくすること。
(d)　適当な場合には、技術援助及び経済援助（利用しやすい支援機器を利用する機会を得やすくし、及びこれらの機器の共有を容易にすることによる援助並びに技術移転を通じた援助を含む。）を提供すること。

2　この条の規定は、この条約に基づく義務を履行する各締約国の義務に影響を及ぼすものではない。

第三十三条　国内における実施及び監視

1　締約国は、自国の制度に従い、この条約の実施に関連する事項を取り扱う一又は二以上の中央連絡先を政府内に指定する。また、締約国は、異なる部門及び段階における関連のある活動を容易にするため、

政府内における調整のための仕組みの設置又は指定に十分な考慮を払う。

2 締約国は、自国の法律上及び行政上の制度に従い、この条約の実施を促進し、保護し、及び監視するための枠組み（適当な場合には、一又は二以上の独立した仕組みを含む。）を自国内において維持し、強化し、指定し、又は設置する。締約国は、このような仕組みを指定し、又は設置する場合には、人権の保護及び促進のための国内機構の地位及び役割に関する原則を考慮に入れる。

3 市民社会（特に、障害者及び障害者を代表する団体）は、監視の過程に十分に関与し、かつ、参加する。

第三十四条　障害者の権利に関する委員会

1 障害者の権利に関する委員会（以下「委員会」という。）を設置する。委員会は、以下に定める任務を遂行する。

2 委員会は、この条約の効力発生の時は十二人の専門家で構成する。効力発生の時の締約国に加え更に六十の国がこの条約を批准し、又はこれに加入した後は、委員会の委員の数を六人増加させ、上限である十八人とする。

3 委員会の委員は、個人の資格で職務を遂行するものとし、徳望が高く、かつ、この条約が対象とする分野において能力及び経験を認められた者とする。締約国は、委員の候補者を指名するに当たり、第四条3の規定に十分な考慮を払うよう要請される。

4 委員会の委員については、締約国が、委員の配分が地理的に衡平に行われること、異なる文明形態及び主要な法体系が代表されること、男女が衡平に代表されること並びに障害のある専門家が参加することを考慮に入れて選出する。

5 委員会の委員は、締約国会議の会合において、締約国により当該締約国の国民の中から指名された者の名簿の中から秘密投票により選出される。締約国会議の会合は、締約国の三分の二をもって定足数とする。これらの会合においては、出席し、かつ、投票する締約国の代表によって投じられた票の最多数で、かつ、過半数の票を得た者をもって委員会に選出された委員とする。

6 委員会の委員の最初の選挙は、この条約の効力発生の日の後六箇月以内に行う。国際連合事務総長は、委員会の委員の選挙の日の遅くとも四箇月前までに、締約国に対し、自国が指名する者の氏名を二箇月以内に提出するよう書簡で要請する。その後、同事務総長は、指名された者のアルファベット順による名簿（これらの者を指名した締約国名を表示した名簿とする。）を作成し、この条約の締約国に送付する。

7 委員会の委員は、四年の任期で選出される。委員は、一回のみ再選される資格を有する。ただし、最初の選挙において選出された委員のうち六人の委員の任期は、二年で終了するものとし、これらの六人の委員は、最初の選挙の後直ちに、5に規定する会合の議長によりくじ引で選ばれる。

8 委員会の六人の追加的な委員の選挙は、この条の関連規定に従って定期選挙の際に行われる。

9 委員会の委員が死亡し、辞任し、又は他の理由のためにその職務を遂行することができなくなったことを宣言した場合には、当該委員を指名した締約国は、残余の期間その職務を遂行する他の専門家であって、資格を有し、かつ、この条の関連規定に定める条件を満たすものを任命する。

10 委員会は、その手続規則を定める。

11 国際連合事務総長は、委員会がこの条約に定める任務を効果的に遂行するために必要な職員及び便益を提供するものとし、委員会の最初の会合を招集する。

12 この条約に基づいて設置される委員会の委員は、国際連合総会が委員会の任務の重要性を考慮して決定する条件に従い、同総会の承認を得て、国際連合の財源から報酬を受ける。

13 委員会の委員は、国際連合の特権及び免除に関する条約の関連規定に規定する国際連合のための職務を遂行する専門家の便益、特権及び免除を享受する。

第三十五条　締約国による報告

1 各締約国は、この条約に基づく義務を履行するためにとった措置及びこれらの措置によりもたらされた進歩に関する包括的な報告を、この条約が自国について効力を生じた後二年以内に国際連合事務総長を通じて委員会に提出する。

2 その後、締約国は、少なくとも四年ごとに、更に委員会が要請する

ときはいつでも、その後の報告を提出する。

3　委員会は、報告の内容について適用される指針を決定する。

4　委員会に対して包括的な最初の報告を提出した締約国は、その後の報告においては、既に提供した情報を繰り返す必要はない。締約国は、委員会に対する報告を作成するに当たり、公開され、かつ、透明性のある過程において作成することを検討し、及び第四条3の規定に十分な考慮を払うよう要請される。

5　報告には、この条約に基づく義務の履行の程度に影響を及ぼす要因及び困難を記載することができる。

第三十六条　報告の検討

1　委員会は、各報告を検討する。委員会は、当該報告について、適当と認める提案及び一般的な性格を有する勧告を行うものとし、これらの提案及び一般的な性格を有する勧告を関係締約国に送付する。当該関係締約国は、委員会に対し、自国が選択する情報を提供することにより回答することができる。委員会は、この条約の実施に関連する追加の情報を当該関係締約国に要請することができる。

2　いずれかの締約国による報告の提出が著しく遅延している場合には、委員会は、委員会にとって利用可能な信頼し得る情報を基礎として当該締約国におけるこの条約の実施状況を審査することが必要であることについて当該締約国に通報（当該通報には、関連する報告が当該通報の後三箇月以内に行われない場合には審査する旨を含む。）を行うことができる。委員会は、当該締約国がその審査に参加するよう

要請する。当該締約国が関連する報告を提出することにより回答する場合には、1の規定を適用する。

3 国際連合事務総長は、1の報告を全ての締約国が利用することができるようにする。

4 締約国は、1の報告を自国において公衆が広く利用することができるようにし、これらの報告に関連する提案及び一般的な性格を有する勧告を利用する機会を得やすくする。

5 委員会は、適当と認める場合には、締約国からの報告に記載されている技術的な助言若しくは援助の要請又はこれらの必要性の記載に対処するため、これらの要請又は必要性の記載に関する委員会の見解及び勧告がある場合には当該見解及び勧告とともに、国際連合の専門機関、基金及び計画その他の権限のある機関に当該報告を送付する。

第三十七条　締約国と委員会との間の協力

1 各締約国は、委員会と協力するものとし、委員の任務の遂行を支援する。

2 委員会は、締約国との関係において、この条約の実施のための当該締約国の能力を向上させる方法及び手段（国際協力を通じたものを含む。）に十分な考慮を払う。

第三十八条　委員会と他の機関との関係

この条約の効果的な実施を促進し、及びこの条約が対象とする分野に

おける国際協力を奨励するため、

(a) 専門機関その他の国際連合の機関は、その任務の範囲内にある事項に関するこの条約の規定の実施についての検討に際し、代表を出す権利を有する。委員会は、適当と認める場合には、専門機関その他の権限のある機関に対し、これらの機関の任務の範囲内にある事項に関するこの条約の実施について専門家の助言を提供するよう要請することができる。委員会は、専門機関その他の国際連合の機関に対し、これらの機関の任務の範囲内にある事項に関するこの条約の実施について報告を提出するよう要請することができる。
(b) 委員会は、その任務を遂行するに当たり、それぞれの報告に係る指針、提案及び一般的な性格を有する勧告の整合性を確保し、並びにその任務の遂行における重複を避けるため、適当な場合には、人権に関する国際条約によって設置された他の関連する組織と協議する。

第三十九条　委員会の報告

委員会は、その活動につき二年ごとに国際連合総会及び経済社会理事会に報告するものとし、また、締約国から得た報告及び情報の検討に基づく提案及び一般的な性格を有する勧告を行うことができる。これらの提案及び一般的な性格を有する勧告は、締約国から意見がある場合にはその意見とともに、委員会の報告に記載する。

第四十条　締約国会議

1　締約国は、この条約の実施に関する事項を検討するため、定期的に締約国会議を開催する。

2　締約国会議は、この条約が効力を生じた後六箇月以内に国際連合事務総長が招集する。その後の締約国会議は、二年ごとに又は締約国会議の決定に基づき同事務総長が招集する。

第四十一条　寄託者

この条約の寄託者は、国際連合事務総長とする。

第四十二条　署名

この条約は、二千七年三月三十日から、ニューヨークにある国際連合本部において、全ての国及び地域的な統合のための機関による署名のために開放しておく。

第四十三条　拘束されることについての同意

この条約は、署名国によって批准されなければならず、また、署名した地域的な統合のための機関によって正式確認されなければならない。この条約は、これに署名していない国及び地域的な統合のための機関による加入のために開放しておく。

第四十四条　地域的な統合のための機関

1　「地域的な統合のための機関」とは、特定の地域の主権国家によって構成される機関であって、この条約が規律する事項に関してその構成国から権限の委譲を受けたものをいう。地域的な統合のための機関は、この条約の規律する事項に関するその権限の範囲をこの条約の正式確認書又は加入書において宣言する。その後、当該機関は、その権

限の範囲の実質的な変更を寄託者に通報する。

2 この条約において「締約国」についての規定は、地域的な統合のための機関の権限の範囲内で当該機関について適用する。

3 次条1並びに第四十七条2及び3の規定の適用上、地域的な統合のための機関が寄託する文書は、これを数に加えてはならない。

4 地域的な統合のための機関は、その権限の範囲内の事項について、この条約の締約国であるその構成国の数と同数の票を締約国会議において投ずる権利を行使することができる。当該機関は、その構成国が自国の投票権を行使する場合には、投票権を行使してはならない。その逆の場合も、同様とする。

第四十五条　効力発生

1 この条約は、二十番目の批准書又は加入書が寄託された後三十日目の日に効力を生ずる。

2 この条約は、二十番目の批准書又は加入書が寄託された後にこれを批准し、若しくは正式確認し、又はこれに加入する国又は地域的な統合のための機関については、その批准書、正式確認書又は加入書の寄託の後三十日目の日に効力を生ずる。

第四十六条　留保

1 この条約の趣旨及び目的と両立しない留保は、認められない。

2　留保は、いつでも撤回することができる。

　　第四十七条　改正

1　いずれの締約国も、この条約の改正を提案し、及び改正案を国際連合事務総長に提出することができる。同事務総長は、締約国に対し、改正案を送付するものとし、締約国による改正案の審議及び決定のための締約国の会議の開催についての賛否を通報するよう要請する。その送付の日から四箇月以内に締約国の三分の一以上が会議の開催に賛成する場合には、同事務総長は、国際連合の主催の下に会議を招集する。会議において出席し、かつ、投票する締約国の三分の二以上の多数によって採択された改正案は、同事務総長により、承認のために国際連合総会に送付され、その後受諾のために全ての締約国に送付される。

2　1の規定により採択され、かつ、承認された改正は、当該改正の採択の日における締約国の三分の二以上が受諾書を寄託した後三十日目の日に効力を生ずる。その後は、当該改正は、いずれの締約国についても、その受諾書の寄託の後三十日目の日に効力を生ずる。改正は、それを受諾した締約国のみを拘束する。

3　締約国会議がコンセンサス方式によって決定する場合には、1の規定により採択され、かつ、承認された改正であって、第三十四条及び第三十八条から第四十条までの規定にのみ関連するものは、当該改正の採択の日における締約国の三分の二以上が受諾書を寄託した後三十日目の日に全ての締結国について効力を生ずる。

第四十八条　廃棄

締約国は、国際連合事務総長に対して書面による通告を行うことにより、この条約を廃棄することができる。廃棄は、同事務総長がその通告を受領した日の後一年で効力を生ずる。

第四十九条　利用しやすい様式

この条約の本文は、利用しやすい様式で提供される。

第五十条　正文

この条約は、アラビア語、中国語、英語、フランス語、ロシア語及びスペイン語をひとしく正文とする。

以上の証拠として、下名の全権委員は、各自の政府から正当に委任を受けてこの条約に署名した。

資料2

障害者権利条約批准までのあしあと

国連の関連する動き		国内の関連する動き	
1948 (昭和23) 年			
12月10日	世界人権宣言採択		
1971 (昭和46) 年			
12月20日	知的障害者の権利宣言採択		
1975 (昭和50) 年			
12月 9日	障害者の権利宣言採択		
1981 (昭和56) 年　国際障害者年			
1982 (昭和57) 年			
12月 3日	障害者に関する世界行動計画を採択し,「国連・障害者の十年」を宣言		
1983 (昭和58) 年　「国連・障害者の十年」(83年〜92年) 開始			
1992 (平成4) 年			
		4月16日	宮澤喜一総理大臣(当時)に1992年4月開催のESCAP第48回総会で日本が「アジア太平洋障害者の十年」の提案国となることを要請
4月	ESCAP第48回総会において日本・中国とともに「アジア太平洋障害者の十年」を共同提案,決議を採択(共同提案国は33か国)		
		10月 9日〜12月 9日	「国連・障害者の十年」最終年記念国民会議 全国キャラバンキャンペーン(「北から南から,列島縦断キャンペーン」「市(区)町村網の目キャンペーン」)は,関係団体が協力・連携しあい,新たな運動の契機となった
1993 (平成5) 年　「アジア太平洋障害者の十年」(93年〜02年) 開始			

12月12日	障害をもつ人々の機会均等化に関する基準規則採択	

2000（平成12）年

3月	世界障害NGOサミットで「新世紀における障害者の権利に関する北京宣言」を採択	

2001（平成13）年

10月下旬	国連総会においてメキシコのフォックス大統領が障害者の権利条約の制定を提唱	
12月19日	第56回国連総会決議56/168の採択．「障害者の権利及び尊厳を保護・促進するための包括的総合的な国際条約に関する諸提案を検討するための特別委員会」の設置を決議（共同提案国は28か国，日本は含まれず）	

2002（平成14）年

7月29日～8月9日	国連本部（ニューヨーク）にて第1回国連障害者権利条約特別委員会（以降，特別委員会は国連本部にて開催）．特別委員会において公式にNGOの参加と発言が認められた	
		10月15日～18日　「アジア太平洋障害者の十年」最終年記念フォーラム（DPI世界会議札幌大会〔札幌フォーラム〕）
		10月21日～23日　「アジア太平洋障害者の十年」最終年記念フォーラム（RIアジア太平洋地域会議，RNN推進会議〔大阪フォーラム〕）
10月25日～28日	「アジア太平洋障害者の十年」最終年ハイレベル政府間会合開催（滋賀）．「びわこミレニアム・フレームワーク」採択	
12月1日	「アジア太平洋障害者の十年」の延長が決定	

2003（平成15）年　「第2次アジア太平洋障害者の十年」（03年～12年）開始

6月16日～	第2回国連障害者権利条約特別委	

	27日	員会.「国連障害者の権利条約特別委員会の今後の取り進め方に関する決議案」がコンセンサス採択.作業部会設置決議	
		10月 6日	日本障害フォーラム (JDF) 準備会開催
	10月14日〜17日	ESCAP 地域ワークショップにおいて障害者権利条約を起草するための「バンコク草案」を採択	
		12月10日	JDF 準備会・外務省との意見交換会(1回目)

2004 (平成16) 年

	1月 5日〜16日	国連本部(ニューヨーク)にて国連特別委員会作業部会.メンバーは,27か国の政府代表と12のNGO代表と南アフリカ国内人権委員会が参加.日本政府もメンバー.第3回国連障害者権利条約特別委員会に提出するための条約草案をまとめる	
	5月24日〜6月 4日	第3回国連障害者権利条約特別委員会.作業部会が作成した条約草案の条文を読み,各国が意見を出す作業を開始	
		8月12日	JDF 準備会・政府各省庁との意見交換「第3回特別委員会報告会」
	8月23日〜9月 3日	第4回国連障害者権利条約特別委員会.作業部会が作成した条約草案の条文を読む作業が終了し,各条文に対する各国からの意見が出そろった	
		10月31日	JDF 設立総会(全社協・灘尾ホールにて)
		12月 7日	JDF・政府と NGO の共同勉強会

2005 (平成17) 年

	1月24日〜2月 4日	第5回国連障害者権利条約特別委員会.第4回までの会合で参加各国から出された意見等を集約し,	

		まとめていく作業が本格化．主に生命の権利や身体・表現の自由等，いわゆる自由権に係わる第7条5〜第15条について議論	
	8月 1日〜12日	第6回国連障害者権利条約特別委員会．第5回特別委員会に引き続き，参加各国から出された意見等を集約する作業が行われた．第17条（現行は24条）の教育および第22条（現行は27条）の労働の権利等，いわゆる社会権に係わる第15条以下（含むモニタリング）を中心に議論	
			10月 1日　障害者自立支援法成立
2006 (平成18) 年			
	1月16日〜2月 3日	第7回国連障害者権利条約特別委員会．第6回会合までの議論を踏まえ，2005年10月に作成された議長案に基づき，タイトルおよび前文から第34条まですべての条項について議論．最終日に議長修正草案（Working Text）を採択	
	8月14日〜25日	第8回国連障害者権利条約特別委員会．第7回会合最終日に提示された議長修正草案（Working Text）に基づいて，前文から最終条項，個人通報制度および調査制度に関する選択議定書について議論が行われ，最終日である8月25日に，条約案全文が基本合意（特別委員会としての採択）された	
	9月〜11月	条約案を起草委員会（Drafting Group）において法技術的な調整を行なった	
	12月 5日	国連障害者権利条約特別委員会第8回会合再開会期においてコンセンサス採択	
	12月13日	第61回国連総会本会議において条約案と選択議定書をコンセンサス採択	

2007（平成19）年

3月30日	国連法律顧問が条約と選択議定書を公開し，加盟国の署名・批准が可能となった（開放）．同日中に81か国と欧州共同体（EU）が条約への署名を行い，44か国は選択議定書にも署名した．ジャマイカが最初の批准国		
		8月9日	JDF・各省庁との意見交換会（条約採択後はじめての意見交換会）
		9月28日	高村正彦外務大臣（当時）が国連において障害者権利条約に署名（日本時間9月29日早朝）

2008（平成20）年

5月3日	条約の発効（4月3日に20か国目のエクアドルが批准．条約第45条の規定により，30日後の5月3日に発効）		
10月31日，11月3日	国連本部（ニューヨーク）にて障害者権利条約第1回締約国会議（以降，締約国会議は国連本部にて開催）．条約の実効をモニタリングするための障害者権利委員会の専門家（12人）を選出．男性7人，女性5人で，うち9人が障害当事者		
11月1日	障害者権利委員会の設置		

2009（平成21）年

2月23日～27日	パレデナシオン（国連ジュネーブ事務所）にて，第1回障害者権利委員会		
		3月上旬	「障害者の権利に関する条約の締結について承認を求めるの件」が閣議案件に上がったが，JDFの申し入れで撤回
9月2日～4日	障害者権利条約第2回締約国会議		
10月19日～23日	第2回障害者権利委員会		

		12月 8日	障がい者制度改革推進本部の設置（閣議決定）
2010（平成22）年			
		1月 7日	障害者自立支援法違憲訴訟について正式和解，国と原告・弁護団の間で基本合意文書が交わされる
		1月12日	第1回障がい者制度改革推進会議
2月22日〜26日	第3回障害者権利委員会		
		6月 7日	「障害者制度改革の推進のための基本的な方向」（第一次意見）
		6月29日	「障害者制度改革の推進のための基本的な方向について」閣議決定
9月 1日〜3日	障害者権利条約第3回締約国会議		
10月 4日〜8日	第4回障害者権利委員会		
		12月17日	「障害者制度改革の推進のための第二次意見」
2011（平成23）年			
4月11日〜15日	第5回障害者権利委員会		
		6月17日	障害者虐待防止法成立
		7月29日	改正障害者基本法成立
		8月30日	「障害者総合福祉法の骨格に関する総合福祉部会の提言」
9月 7日〜9日	障害者権利条約第4回締約国会議		
9月19日〜23日	第6回障害者権利委員会		
2012（平成24）年			
4月16日〜20日	第7回障害者権利委員会		
		6月20日	障害者総合支援法成立
		7月23日	第1回障害者政策委員会（改正障害者基本法に基づいて，障がい者制度改革推進会議の改称）

9月12日～14日	障害者権利条約第5回締約国会議	9月14日	「障害を理由とする差別の禁止に関する法制」についての差別禁止部会の意見
9月17日～28日	第8回障害者権利委員会		
10月29日～11月2日	インチョン会議開催. インチョン戦略ならびに「アジア太平洋障害者の新十年」(2013−2022)の決議		
		12月17日	新「障害者基本計画」に関する障害者政策委員会意見
2013 (平成25) 年	「アジア太平洋障害者の新十年」(13年～22年) 開始		
4月15日～19日	第9回障害者権利委員会		
		5月27日	公職選挙法の一部を改正する法律成立
		6月19日	障害者差別解消法成立
7月17日～19日	障害者権利条約第6回締約国会議		
9月23日	国連総会「障害と開発に関するハイレベル会合」		
		9月27日	障害者基本計画 (第3次H25―29) 閣議決定
		11月19日	「障害者の権利に関する条約の締結について承認を求めるの件」衆議院本会議において全会一致で可決
		11月28日	参議院外交防衛委員会にて権利条約に関する参考人招致 (JDFの関係者等が意見陳述)
		12月4日	「障害者の権利に関する条約の締結について承認を求めるの件」参議院本会議において全会一致で承認 (第185回臨時国会)

(月刊「ノーマライゼーション」編集部作成:「障害者権利条約批准までのあしあと」年表. 月刊「ノーマライゼーション」, 2014年1月号, pp.30-32, 日本障害者リハビリテーション協会. を転載)

あとがき

　「くらべっこ」という手法がある．物事のおかしさを気づかせてくれたり，おかしさを是正していく上でとても便利である．この「くらべっこ」を念頭に置きながら障害者権利条約をじっくりと眺めるとどうだろう．実によく観えてくる．あらためて障害のある人をめぐるこの国の課題や問題点を整理することができる．それだけではなく，ぼんやりと理不尽に思っていた出来事や事象が，「やっぱりおかしかったんだ，自分のとらえ方に間違いがなかった」と問題意識に確信を抱かせてくれるのも権利条約の妙と言えよう．
　こう考えていくと，今一度，権利条約のすばらしさを強調したくなる．大きくは2つである．1つは，人権に関する精緻な問題探知機であること，今1つは，あるべき方向を豊富に含んだ警報器となっていることである．それは，もはや障害分野を超越している．ずばり言えば，「社会の標準値は今のままでいいのか」を厳しく問うているのである．屈強な大人を前提に仕組まれている社会，いつの間にか強者の論理が中央値になってしまった社会，これらに猛省を迫るのも権利条約なのである．そして，「障害のある人が住みよい社会は万人が住みよい社会」を静かに唱えているのである．
　このように大切この上ない権利条約であるが，肝心のわが障害分野での浸透度がどうかとなると，残念ながら心もとない．ましてや社会への周知度となると，皆無ではないにしてもそれに近い状況にあると言わざるを得ない．焦りは禁物であるが，坐しているだけで

は権利条約が悲しむことになる．ここは障害当事者のみなさんに，そして障害分野に携わるみなさんに期待したい．まずは，権利条約に馴染むことである．そして生かすこと，知らせることである．生かすためには熟読は欠かせず，知らせるためには深い理解が必要となろう．要するに，学びの姿勢をもちながら権利条約に真摯に向き合うことである．学び方はさまざまあろうが，ひとつ意識してほしいのは障害当事者と共に深めることである．厚みのある学びになるに違いない．

　本ブックレットが，こうした学びの一助になればうれしい限りである．ただし，講演録をもとにしている点からも，紙幅の関係からも，決して十分な書きぶりとは言えない．条約本文（巻末に全文掲載）はもとより，関連の文献や資料の併読を勧めたい．同時に，わかりやすさに力点を置いたつもりであり，権利条約の地域への周知や広報のツールとしては手ごろかと思う．積極的に広げていただきたい．

　最後になるが，新企画となる「JDブックレット」の初号に筆者が携わることができたことに謝意を表したい．また，短期間のうちに発刊にこぎ着けることができたのは，やどかり出版の増田一世さんや石井みゆきさんをはじめとする従業員のみなさん，JDの白沢仁企画委員長や企画委員のみなさん，荒木薫事務局長，鈴木寛子事務局員，JDFの原田潔さん，きょうされんの赤松英知常任理事，多田薫事務局長，川久保陽子事務局次長，事務局員のみなさん等の協力があったからに他ならない．また，写真を提供いただいた福祉新聞の三宅祐子さんやイラストを描いてくれた里　圭（さとけい）さんとあわせて，この場を借りて心よりお礼を申し上げたい．

2014年5月

　　　　　　　　　　　　　　　　　　　　　　　　藤井　克徳

【著者略歴】

藤井　克徳（ふじい　かつのり）
1970年都立小平養護学校（肢体不自由，現在の都立小平特別支援学校）勤務．1981年共同作業所全国連絡会（現・きょうされん）事務局長．1982年都立小平養護学校退職，あさやけ第２作業所（精神障害者対象）所長．1994年あさやけ第２作業所退職，きょうされん常務理事，社会福祉法人きょうされん第２リサイクル洗びんセンター（精神障害者通所授産施設）施設長，埼玉大学教育学部非常勤講師（2005年まで）．2005年第２リサイクル洗びんセンター施設長退職．
内閣府・障害者政策委員会委員長代理（2012年5月～2014年5月）
国連ESCAPチャンピオン（障害者の権利擁護推進）賞受賞（2012年）

［現職］
日本障害フォーラム副代表，NPO法人日本障害者協議会代表，きょうされん専務理事，公益財団法人日本精神衛生会理事，日本精神保健福祉政策学会副理事長，公益財団法人ヤマト福祉財団評議員．

［主な著書］
「障害のある人と優生思想」やどかり出版，2019年（共著）
「いのちを選ばないで　やまゆり園事件が問う優生思想と人権」大月書店，2019年（共著）
「生きたかった　相模原障害者殺傷事件が問いかけるもの」大月書店，2016年（共著）
「えほん　障害者権利条約」汐文社，2015年
「見えないけれど　観えるもの」やどかり出版，2010年
「ひろがれ共同作業所」ぶどう社，1987年（共著）
「みんなの共同作業所」ぶどう社，1997年（共著）
「精神障害者の福祉とリハビリテーション」中央法規出版，1999年（共著）
「わが国に生まれた不幸を重ねないために」萌文社，2004年（共著）

視覚障害などの理由から本書をお読みになれない方を対象に、テキストの電子データを提供いたします。ただし、発行日から3年間に限らせていただきます。ご希望の方は、① 本書にあるテキストデータ引換券（コピー不可）、② 本頁コピー、③ 200円切手を同封し、お送り先の郵便番号、ご住所、お名前をご明記の上、下記までお申し込みください。

なお、第三者への貸与、配信、ネット上での公開などは著作権法で禁止されております。

〒337-0026　さいたま市見沼区染谷1177-4　やどかり出版編集部

認定NPO法人 日本障害者協議会（JD）事務局
〒162-0052　東京都新宿区戸山1-22-1
TEL.03-5287-2346　FAX.03-5287-2347
Eメール office@jdnet.gr.jp　http://www.jdnet.gr.jp/

JDブックレット・1

私たち抜きに私たちのことを決めないで
障害者権利条約の軌跡と本質

2014年 6月 1日　発行
2020年 3月10日　第9刷

著　者　藤井　克徳
編　者　日本障害者協議会
発行所　やどかり出版　代表　増田　一世
　　　　〒337-0026　さいたま市見沼区染谷1177-4
　　　　Tel 048-680-1891　Fax 048-680-1894
　　　　E-Mail book@yadokarinosato.org
　　　　https://book.yadokarinosato.org/
印　刷　やどかり印刷